UNSTUCK AND ON TARGET!

锁定目标 灵活达成

执行功能课程操作手册

（第2版）

An Executive
Function Curriculum to
Improve Flexibility,
Planning,
and Organization

［美］林恩·坎农（Lynn Cannon, M.Ed.）
［美］劳伦·肯沃西（Lauren Kenworthy, Ph.D.）
［美］凯蒂·C. 亚历山大（Katie C. Alexander, M.S., OTR）著
［美］莫妮卡·阿德勒·沃纳（Monica Adler Werner, M.A.）
［美］劳拉·古特穆特·安东尼（Laura Gutermuth Anthony, Ph.D.）

陈诗雅 任媛 译

华夏出版社
HUAXIA PUBLISHING HOUSE

Unstuck and On Target!: An Executive Function Curriculum to Improve Flexibility, Planning, and Organization, Second Edition.

Originally published in the United States of America by Paul H. Brookes Publishing Co., Inc.

Copyright © 2021 by Paul H. Brookes Publishing Co., Inc.

版权所有，翻印必究

禁止将本书内容用于人工智能训练，违者必究

北京市版权局著作权合同登记号：图字 01-2024-3698 号

图书在版编目（CIP）数据

锁定目标 灵活达成：执行功能课程操作手册：第 2 版 /（美）林恩·坎农（Lynn Cannon）等著；陈诗雅，任媛译. -- 北京：华夏出版社有限公司，2025.
ISBN 978-7-5222-0921-0

Ⅰ．G76

中国国家版本馆 CIP 数据核字第 2025AL4351 号

锁定目标 灵活达成：执行功能课程操作手册（第 2 版）

作　　者	[美] 林恩·坎农（Lynn Cannon）等
译　　者	陈诗雅　任　媛
责任编辑	龚　雪
责任印制	周　然
出版发行	华夏出版社有限公司
经　　销	新华书店
印　　装	三河市少明印务有限公司
版　　次	2025 年 7 月北京第 1 版 2025 年 7 月北京第 1 次印刷
开　　本	710mm×1000mm　1/16 开
印　　张	24.5
字　　数	306 千字
定　　价	69.00 元

华夏出版社有限公司　地址：北京市东直门外香河园北里 4 号　邮编：100028
　　　　　　　　　　　网址：www.hxph.com.cn　　电话：（010）64618981
若发现本版图书有印装质量问题，请与我社营销中心联系调换。

推荐序一

作为一名从事孤独症谱系障碍儿童早期干预二十余年的工作者，我每天面对的大部分都是学龄前的孩子。在早期密集干预中，我们往往专注于基础技能的塑造——眼神接触、语言表达、简单指令的遵循。这些当然重要，但若缺乏对儿童未来发展轨迹的整体把握，我们的教育就可能陷入"只见树木，不见森林"的局限。《锁定目标 灵活达成》这本书让我们了解到执行功能缺陷是许多谱系儿童在学龄期面临的核心挑战。当同龄人开始自如地处理多步骤任务、灵活应对变化时，我们的学生却可能因为认知僵化、计划执行困难而显得格格不入。这促使我反思：在早期干预中，我们是否应该更早地植入灵活思维的种子？是否可以通过适合幼儿的方式，开始培养他们的目标意识和计划能力？

书中最让我有共鸣的，是它对教育者自身灵活性的强调。在日复一日的训练中，我们很容易形成一套固定的教学模式和行为期待，却很少察觉这种僵化可能正是学生进步的隐形障碍。当我们把"改变"的压力单方面放在学生身上时，干预就变成了一场"拉锯战"。而本书提醒我们，真正的突破往往始于教育者放下预设，调整自己的期待和方式——这种双向适应的理念，对早期干预尤其珍贵。

环境适应同样是书中的核心洞见之一。在早期干预阶段，我们常常精心控制环境以减少干扰，却可能忽略了培养学生在真实世界中的适应能力。本书提出的"环境—个体"动态匹配模型给了我重要启示：与其期待学生完全适应现有环境，不如循序渐进地调整环境要求，同时培养他们的适应技能。比如，在结构化教学中逐步引入不可预测元素，在安全范围内允许学生体验计划受阻的感受，这些都是我们可以融入早期干预的宝贵策略。

作为长期与孤独症儿童相伴的专业人员，我们深知每个孩子都有其独特的发展轨迹。本书没有提供一刀切的解决方案，而是提供了一套可灵活调整的原则和工具，这与特殊教育个性化本质高度契合。虽然书中的案例主要针对学龄儿童，但其中关于正向行为支持、视觉提示、选择权赋予等策略，经过适当简化后，也可以在早期干预中发挥效用。

本书让我们得以眺望学龄前儿童未来可能面临的挑战与机遇，这种"从终点回望起点"的视角，为早期干预工作注入了难得的预见性与系统性思考。

张苗苗

委员会认证行为分析师（BCBA）

国际行为分析协会中国分会主席

中国残疾人康复协会应用行为分析专业委员会副主任委员兼秘书长

推荐序二

对于在执行功能方面有障碍的学生来说，灵活性和目标导向行为（计划和组织技能）问题可能是他们在学校和生活中取得成功的主要障碍。如果你接触过有这方面挑战的学生，你肯定有过这样的感受，那就是学生有时会"卡住"或者"这个学生很聪明，可是其他方面一团糟"。《锁定目标 灵活达成》是一本关于提升儿童执行功能（尤其是灵活性、计划性和组织能力）的课程操作手册，主要面向孤独症和多动症儿童。

我第一次接触这一课程是在这本书（英文原版）刚出版时，那时我刚成为一名国际认证行为分析师（BCBA）。作为一名一线教育工作者和家长，我深知我们最需要的是有实证支持、易于操作且实用性强的课程，而这本书完全符合这些需求。无论是进行一对一教学还是小组课程，我都会根据学生的个体需求灵活运用这一课程。实践表明，学生在灵活性、计划性和组织能力方面的进步，往往能带动其他领域的改善——例如，当孩子的灵活性提高后，因刻板思维引发的情绪问题会减少，社交能力也会随之提升。不仅如此，我发现这一课程不仅适用于特殊需要儿童，对普通学生甚至成人（包括我自己）同样有效。除了个人实践体会外，《锁定目标 灵活达成》还拥有扎实的实证研究基础，充分证明了其在提升执行功能方面的显著效果。

该课程最初由美国著名的非公立特殊教育日校——Ivymount 学校的阿斯伯

格项目组研发。该校专门招收从幼儿园至21岁患有孤独症谱系障碍及相关疾病的学生。课程开发团队阵容强大，汇集了五位核心作者，还有来自美国国家儿童医学中心的心理学家以及家长和学生代表。

五位作者中，Lynn Cannon、Katie Alexander 和 Monica Werner 均来自 Ivymount 学校，另外两位——Lauren Kenworthy 和 Laura Anthony——则是拥有多年科研与临床经验的专家。他们将专业知识与热忱倾注于课程设计与教材编写中。当我首次提出翻译意向时，团队成员纷纷表示支持，并主动提出将持续分享最新研究成果及课程更新内容。

《锁定目标 灵活达成》的核心目标是为有特殊需要的学生提供支持，主要通过以下两种方式实现：（1）物理层面的调整：包括环境调整、期望调整和任务调整；（2）技能补足教学：针对性教授学生缺失的执行功能技能。书中强调，许多我们眼中的"问题行为"，其实源于学生在执行功能上的困难。因此，教育者应当通过课程设计，帮助学生获得更多成功的体验（正向情感积累），从而促进成长。希望读者在阅读本书时，不仅能理解作者的教育理念，更能将这一课程应用到实际教学中，帮助学生在学习和生活中取得更多进步。通过引导学生运用自我指导语言，提升自我调节能力，最终实现执行功能的整体改善。

张萱

委员会认证博士级行为分析师（BCBA-D）

美国芝加哥学校研究和专业研究院 ABA 硕士部主任

致 谢

我们感谢那些患有孤独症、注意缺陷多动障碍的个体以及他们的家人和老师，他们在《锁定目标 灵活达成》的创作过程中给予了我们灵感和指导！

我们还感谢"Take 2 夏令营"的工作人员，以及 Ivymount 学校、美国国家儿童医学中心孤独症研究中心、华盛顿特区 / 弗吉尼亚地区许多学校的工作人员，他们为这一课程的研发做出了贡献。他们测试了课程内容，提出了修改建议，并收集了关于课程效果的数据。最重要的是，在这段漫长的旅程中，他们给予了我们鼓励，最终促成了这本基于循证的课程的第 2 版的诞生。

献给那些通过他们独特的见解和视角教育并激励我们，让世界变得更加丰富多彩的孩子和他们的家庭。

献给马克·伊尔维萨克（Mark Ylvisaker），他在执行功能干预策略方面的工作启发了这一课程。在不幸离世前，马克曾与我们密切合作，指导了本干预方案的初始设计。

前　言

七年前，我很荣幸地为第 1 版《锁定目标 灵活达成》(*Unstuck and On Target!*)写了前言。此后，UOT*疗法的应用被迅速推广。它起初是针对低龄儿童的疗法，在验证有效后，被逐步推广到为各个年龄段的个体提供服务。与第 1 版相比，此次发布的版本进行了更新和精简，而且很快会配套推出其他版本。

UOT 是第一个帮助人们培养认知灵活性的循证疗法。许多孤独症患者，包括我在内，都面临着缺乏灵活性所带来的困难。人们普遍认为，孤独症患者喜欢固定、常规的模式，对变化有抗拒。我们很难通过换位思考来理解别人的想法。这种灵活性的缺乏成为一种障碍，让我们难以维持工作，或维系人际关系。

缺乏灵活性并不只是孤独症患者的难题，任何人都可能固执己见。UOT 疗法虽专为治疗孤独症而研发，但它对于渴望思维更加开放的任何人来说都非常有用。这正是卓越的行为疗法的特点——它们虽然为特定群体而研发，但最终广泛适用于整个人类。

灵活性是指我们能够接受可能有多种完成任务的方式的能力。当我还是

---

* 本书呈现的是《锁定目标 灵活达成》手册中这一针对提升及改善执行功能的教育康复课程与疗法，后文统称 UOT。——译者注

个小男孩的时候，我在这方面有很大的困扰。我看着其他孩子玩卡车和恐龙玩具的时候，觉得他们的玩法都不对！有时其他孩子的"错误"玩法气得我火冒三丈，看着都觉得痛苦。

绿色积木随意地堆放在红色积木上，自卸卡车翻倒在恐龙玩具和泥土堆上，直升飞机与复活节兔子玩偶混杂在一起……事物的自然规律对我来说显而易见，但其他大多数孩子似乎对此视若无睹，或认为它们没什么大不了的。

每当我试图向小伙伴们指出他们"错误"的玩法时，他们都不认同。更糟糕的是，他们还会报复性地嘲笑我、骂我，后来还排挤我，不让我参加小组游戏。

当我还是个孩子的时候，我很难在游戏中分辨对与错。老师们很少帮助我，即使我只是看着伙伴们"错误"地玩耍，老师们也只是告诉我，我做错了，然后我只能眼睁睁看着自己被他们取笑和嘲弄。我无法理解为什么会是这样，但只能接受，直到今天还是一样。

回顾我的童年，我认为我的社交成功始于我意识到沙箱中积木的摆放方式并不值得争论的那一天。其他孩子可能仍会把积木放错位置，而我学会了忽略它们，并保持相对平静。这成为我能够容忍身边有其他孩子玩耍的唯一方式。

本书的作者认为，容忍他人的存在及其所做的事情只是培养灵活性的第一步。如果你想交朋友，这种能力是不可或缺的。然而，容忍只是第一步。要实现真正的成功社交，还需要更多其他的努力。

当我意识到其他伙伴的方式可能并没有错时，我在社交技能的习得阶梯上又上了一个台阶。也就是说，尽管他们玩耍的方式和我的并不相同，但它们其实一样"正确"。当然，无论他们是否知道，我依然认为我的方式是最好的，但接受其他方式让我眼界大开。我开始意识到，我可以从其他人那里学到不同的做事方式。

对我来说，这是我处理人际关系的一个非常重要的转折点。突然间，我可以毫无顾虑地观察和学习其他人的做事方式。如果他们的方式比我的更有效，我可以接受他们的方式并将其内化成自己的方式。而如果我的方式更出色，其他人也可以向我学习。

这标志着我开始懂得了双向学习，这个技能实在是太重要了。它是我们整合前人知识的方式，也是小组学习、团队合作和社交发展的基础。虽然它的价值不言而喻，但要掌握它却真的很难。接受别人的想法可能比自己的想法更好这一事实，意味着承认其他人可能和我们一样聪明，甚至更加聪明。这对于一个以自我为中心长大的且患有阿斯伯格综合征的孩子来说，是一剂苦口的良药。

遗憾的是，我对于不同的做事方式的接纳程度还是不高，这使得我通过集体互动而得到社交发展的机会依然很有限。我并不擅长接受不同的观点，也不知道如何锻炼这一技能，因此做起来仍然感到十分痛苦。如果我小时候就能灵活应变并善于接纳他人，我会变成什么样子呢？也许我会成为一名篮球教练，或者某个大公司的总裁，而不是一个孤独的患有阿斯伯格综合征的作家。

患有阿斯伯格综合征的孩子每天都面临着很多社交挑战。帮助他们有效应对这些挑战至关重要，因为在儿童时期能成功解决社交难题，预示着能在未来取得更广泛的成功。一个孩子能否克服障碍，很大程度上取决于他能否融入群体并得到接纳。

我发现我应该更早意识到灵活性的强大，但以前从未有人教过我这些。实际上，在我上学的那段时间里，学校管理人员甚至没有意识到社交技能是需要专门教授的。毕竟，有些孩子天生就具备了社交技能，这是他们的本能。而很多教育工作者自己就属于"天生懂社交"的群体，以为每个人都和他们一样具有这样与生俱来的能力。

在20世纪60年代人的观念中，那些缺乏有效社交本能的孩子是故意忽略周围人的非语言信号的。直到20世纪80年代，研究人员才认识到孤独症是这个问题的根源。如今，我们了解到孤独症是一个连续谱系，包含了"不说话"和"不理解微妙的社交线索"。

这一认识为我们定义了孤独症谱系障碍。我们现在明白，有些孤独症个体由于语言和功能性表现明显受损，很容易被识别；而另一些孤独症个体则因为熟练的语言技能掩盖了他们对他人潜台词的不理解，故而症状更加隐蔽，比如我自己就是如此。

目前，许多干预技术已经被研发用于帮助那些功能明显受损的孤独症群体。随着时间的推移和研究的不断深入，一些干预措施的有效性已经得到证明。然而，对于改善社交障碍，我们仍然缺乏与之相匹配的实证工具库。我们才刚刚开始研发，这本书代表着我们向终极目标迈出了重要的一步。

一些人可能会疑惑，为什么我们还没有更多经过临床验证的教授社交技能的方法。简单来说，人们刚刚意识到这些社交技能是需要专门教授的。阅读和数学的重要性一直是不言而喻的。要在我们的社会中生存并持续发展，你需要能够阅读菜单并数清自己的钱。当一个孩子不能走路或者说话时，毋庸置疑，我们要帮助他解决这些问题。

因此，这些领域正是教育者们投入精力最多的地方。在选择教学重点时，他们确实关注了那些显而易见的问题。然而，如今我们有了更多的需求和期待。我们想帮助那些真正拥有障碍但问题更微妙、更难界定的孩子。

那些"举止不当"的孩子，那些不按老师要求行事的孩子，那些没有朋友的孩子，他们该怎么办呢？直到最近，我们才开始意识到这样的孩子可能需要什么样的帮助。我们刚意识到认知灵活性的重要性，以及缺乏认知灵活性如何使人无能为力。我们已经了解到，他们的非预期行为往往是无意识忽视的结果，而非有意的对抗。

我们现在明白了，有些人能够清晰地理解潜在的社交线索，而另一些人却看不见。那么，我们是否可以教那些错过这些线索的孩子如何识别它们呢？我想我们是可以的，但通往这个目标的道路并非一马平川。

前言

　　缺乏认知灵活性的人往往更容易在生活的各个方面采取极端的方式。当我还是个孩子时,我坚信"我的玩耍方式才是唯一正确的玩耍方式",这导致我在社交中被孤立,总是悲伤收场。后来,我因为无法容忍同事们的观点而指责他们是无能的傻瓜,"只有我能够胜任这份工作",这样的态度让我失去了许多工作机会和友谊。而从这本书所提到的可教授的社交技能来看,这真是无谓的损失。

　　这一点至关重要——UOT是一种帮助人们独立或作为集体成员灵活应对生活问题的方式。在Ivymount学校和美国国家儿童医学中心里,我的朋友们花了十年的时间研发和验证了本书将呈现给你的UOT课程。他们的编写工作完全基于在教授像我这样的孤独症孩子社交技能时的真实经验。教师们与医学中心的心理学家和研究人员合作,找到了最成功的方法来教授灵活性、设定目标和避免陷入困境这三个关键能力,帮助个体在当今社会中取得成功。

　　UOT中的技巧是为孤独症孩子开发的,但实际上它们的适用范围十分广泛。这些技巧适用于任何缺乏认知灵活性的人,无论他是否患有孤独症。这些概念还适用于各个年龄段的人。实际上,作者们现在正在为年长的个体撰写本书的另一个版本。

　　我很惊讶地发现,我可以将UOT中的方法应用到我自己的生活中,来避免自己陷入困境,而这困扰了我大半辈子。它使我更能接受其他观点,也在各个方面更加成功。作为一个孤独症患者和一个孤独症孩子的父亲,这本书中的技巧经我亲身验证是有效的。因此,基于自身经验,我推荐这些技巧。

　　尽管如此,灵活性可能有时还是无法解决所有的问题。当这种情况发生时,我建议遵循以下的智慧忠告:

　　　　有一首俄罗斯古谚。
　　　　当时局变得艰难,
　　　　橱柜空空如也,

005

孩子们停止工作并开始尖叫……

最吵闹的孩子最先"下锅"。

我们"吃掉"了第一个孩子，但其他孩子得到了教训，健康强壮地长大了。我希望你们能充分使用好这本书。

约翰·埃尔德·罗比森[*]（John Elder Robison）

---

[*] 系威廉与玛丽学院（The College of William & Mary）神经多样性学者、贝佩丝大学（Bay Path University）实践访问教授，著有《看着我眼睛》（*Look Me in the Eye*，2007），《与众不同》（*Be Different*，2011），《抚养卡比》（*Raising Cubby*，2013），《打开》（*Switched On*，2016）。

目 录
Contents

引言 ·· 001

强化系统 ··· 017

图标 ·· 023

课程中的实用脚本练习清单 ··· 025

主题1 基础技能 ··· 029

 第一课 互相了解 ··· 031
  导入：复习GWPDC ··· 032
  活动1：行为准则 ··· 035
  活动2：谁了解谁？ ··· 039
   讲义：关于我的一切！ ··· 041
  结束：课堂练习和家庭练习 ··· 042
   课堂练习1 ··· 044
   家庭练习1 ··· 048

 第二课 "目标—原因—计划—执行—检查"（GWPDC）··············· 051
  导入：复习GWPDC和快问快答 ··· 052
  活动1：介绍GWPDC ··· 055
  活动2：搞笑的GWPDC ··· 058
   讲义：搞笑的GWPDC ··· 060

结束：课堂练习和家庭练习 061
　　课堂练习 2 063
　　家庭练习 2 064

第三课　情绪识别 065
导入：复习 GWPDC 和快问快答 067
活动 1：情绪目标 069
　　视觉化资料：情绪目标海报 071
　　课堂资料：情绪目标卡 072
活动 2：它让我感觉如何？ 073
活动 3：情绪链 075
　　视觉化资料：情绪链情境 079
　　讲义：空白情绪链 080
结束：课堂练习和家庭练习 082
　　课堂练习 3 084
　　家庭练习 3 085

第四课　你怎么做可以感觉更好？ 087
导入：复习 GWPDC 和快问快答 088
活动 1：失望及其应对策略 090
　　讲义：失望及其应对策略 091
活动 2：应对技巧的调研 092
　　讲义：如何感觉"刚刚好" 094
　　讲义：感觉"刚刚好"的策略调研 095
　　讲义：我的任务是恢复到感觉"刚刚好" 096
　　讲义：深呼吸 097
活动 3：策略卡 098
　　讲义：策略卡示例 099
附加活动：应对策略的选择 100

目 录

　　　　结束：课堂练习和家庭练习……………………………………………102

　　　　　　课堂练习 4………………………………………………………104

　　　　　　家庭练习 4………………………………………………………105

　主题 1　成长报告………………………………………………………………106

主题 2　什么是灵活性？……………………………………………………………107

　第五课　关于灵活性的调研……………………………………………………109

　　　　导入：复习 GWPDC 和快问快答………………………………………110

　　　　活动 1：灵活与刻板的寻宝游戏………………………………………112

　　　　活动 2：越灵活，越高效………………………………………………114

　　　　结束：课堂练习和家庭练习……………………………………………116

　　　　　　课堂练习 5………………………………………………………118

　　　　　　家庭练习 5………………………………………………………119

　第六课　灵活性…………………………………………………………………120

　　　　导入：复习 GWPDC 和快问快答………………………………………121

　　　　活动 1：神秘词：灵活性………………………………………………123

　　　　　　讲义：神秘词 1…………………………………………………124

　　　　　　教师指导：神秘词 1 参考答案……………………………………125

　　　　　　讲义：UOT 词典：灵活性…………………………………………126

　　　　活动 2（备选）：像橡皮泥一样灵活……………………………………127

　　　　　　讲义：灵活性的乐趣……………………………………………130

　　　　　　讲义：有趣的橡皮泥配方………………………………………131

　　　　结束：课堂练习和家庭练习……………………………………………132

　　　　　　课堂练习 6………………………………………………………134

　　　　　　家庭练习 6………………………………………………………135

003

第七课　陷入困境 ··· 136
　　导入：复习 GWPDC 和快问快答 ·· 137
　　活动 1：神秘词：困境 ·· 139
　　　　讲义：神秘词 2 ··· 141
　　　　教师指导：神秘词 2 参考答案 ··· 142
　　　　讲义：UOT 词典：困境 ·· 143
　　活动 2：灵活/刻板的角色扮演 ·· 144
　　结束：课堂练习和家庭练习 ··· 146
　　　　课堂练习 7 ··· 148
　　　　家庭练习 7 ··· 149

　主题 2　成长报告 ··· 150

主题 3　如何保持灵活？ ··· 151

第八课　A 计划→B 计划 ··· 154
　　导入：复习 GWPDC 和快问快答 ·· 155
　　活动 1：神秘词：A 计划→B 计划 ·· 157
　　　　讲义：神秘词 3 ··· 158
　　　　教师指导：神秘词 3 参考答案 ··· 159
　　　　讲义：UOT 词典：A 计划→B 计划 ·· 160
　　活动 2：快速的 B 计划 ··· 161
　　活动 3：制订 A、B、C 计划 ··· 163
　　　　讲义：制订 A、B、C 计划 ··· 165
　　结束：课堂练习和家庭练习 ··· 166
　　　　课堂练习 8 ··· 168
　　　　家庭练习 8 ··· 170

第九课　协商 ··· 172
　　导入：复习 GWPDC 和快问快答 ·· 173

活动 1：神秘词：协商 ··175
　　　　讲义：神秘词 4 ··177
　　　　教师指导：神秘词 4 参考答案 ···178
　　　　讲义：UOT 词典：协商 ···179
　　活动 2：协商游戏 ··180
　　　　课堂资料：协商游戏卡 ··182
　　结束：课堂练习和家庭练习 ··183
　　　　课堂练习 9 ··185
　　　　家庭练习 9 ··186

第十课　大事 / 小事 ···188
　　导入：复习 GWPDC 和快问快答 ···189
　　活动 1：神秘词：大事 / 小事 ··191
　　　　讲义：神秘词 5 ··193
　　　　教师指导：神秘词 5 参考答案 ···194
　　　　讲义：UOT 词典：大事 / 小事 ···195
　　活动 2：大事 / 小事练习 ··196
　　　　课堂资料：大事 / 小事卡 ··198
　　活动 3：大事化小 ··200
　　　　视觉化资料：大事 / 小事等级量表 ··202
　　结束：课堂练习和家庭练习 ··203
　　　　课堂练习 10 ··205
　　　　家庭练习 10 ··206

第十一课　有选择 / 无选择 ··208
　　导入：复习 GWPDC 和快问快答 ···209
　　活动 1：神秘词：有选择 / 无选择 ··211
　　　　讲义：神秘词 6 ··212
　　　　教师指导：神秘词 6 参考答案 ···213

　　　　讲义：UOT 词典：有选择/无选择 ··214

　　　　活动2：有选择/无选择练习 ··215

　　　　　　课堂资料：有选择/无选择卡 ··217

　　　　结束：课堂练习和家庭练习 ··219

　　　　　　课堂练习11 ···221

　　　　　　家庭练习11 ···222

　第十二课　预判意外 ··223

　　　　导入：复习 GWPDC 和快问快答 ··224

　　　　活动1：介绍预判意外 ···226

　　　　活动2：应对意外的策略探索 ···227

　　　　　　教师指导：应对意外的游戏规则 ··228

　　　　　　课堂资料：应对意外的游戏板 ···229

　　　　　　课堂资料：应对意外的游戏卡 ···230

　　　　结束：课堂练习和家庭练习 ··232

　　　　　　课堂练习12 ···234

　　　　　　家庭练习12 ···235

　主题3　成长报告 ···237

主题4　灵活应对的原因 ··239

　第十三课　灵活应对的优势 ···241

　　　　导入：复习 GWPDC 和快问快答 ··242

　　　　活动1：当无法得到自己想要的东西时该如何应对 ························244

　　　　　　讲义：我的两个选择 ···246

　　　　　　视觉化资料：小组灵活性口号 ··247

　　　　活动2（备选）：灵活性高速公路游戏 ···248

　　　　　　教师指导：灵活性高速公路游戏规则 ······························249

　　　　　　课堂资料：灵活性高速公路游戏板 ·································250

　　　　课堂资料：灵活性高速公路游戏卡 251
　　　结束：课堂练习和家庭练习 257
　　　　课堂练习 13 259
　　　　家庭练习 13 261

　第十四课　灵活应对得到好结果 263
　　　导入：复习 GWPDC 和快问快答 264
　　　活动 1：灵活的力量 266
　　　　教师指导：灵活给你力量的情境 267
　　　活动 2：灵活应对的声誉 268
　　　　教师指导：弹珠罐——灵活应对声誉的情境 271
　　　结束：课堂练习和家庭练习 274
　　　　课堂练习 14 276
　　　　家庭练习 14 277

主题 4　成长报告 278

主题 5　你的目标是得偿所愿 279

　第十五课　使用 GWPDC 制定和实现目标 281
　　　导入：复习 GWPDC 和快问快答 282
　　　活动："变粉之前想一想"—— GWPDC 284
　　　　讲义："变粉之前想一想"—— GWPDC 287
　　　结束：课堂练习和家庭练习 288
　　　　课堂练习 15 290
　　　　家庭练习 15 291

　第十六课　GWPDC 的应用与练习 292
　　　导入：复习 GWPDC 和快问快答 293
　　　活动（备选）：麦片 295

附加活动 1（备选）：什么是核心目标？······297

附加活动 2：核心目标的示例······299

结束：课堂练习和家庭练习······300

    课堂练习 16······302

    家庭练习 16······303

第十七、十八课　GWPDC 挑战赛······304

导入：复习 GWPDC 和快问快答······305

活动 1：B 计划策略······307

活动 2（备选）：GWPDC 挑战赛······310

    讲义：第一站 GWPDC······313

    讲义：第二站协商······315

    讲义：第三站 GWPDC······317

    课堂资料：第四站干扰游戏卡······318

    课堂资料：第四站干扰游戏卡参考答案······319

    课堂资料：第四站干扰游戏追踪表······320

    讲义：第五站 GWPDC······321

    讲义：第五站 GWPDC 情境······322

结束：课堂练习和家庭练习······323

    课堂练习 17&18······325

    家庭练习 17&18······326

第十九课　活动策划······327

导入：复习 GWPDC 和快问快答······328

活动（备选）：策划一个班级活动······330

结束：课堂练习和家庭练习······333

    课堂练习 19······335

    家庭练习 19······336

第二十课　活动 338

　主题 5　成长报告 339

主题 6　灵活的 / 目标导向的未来 341

　　第二十一课　访谈（与备选游戏） 342

　　　　导入：复习 GWPDC 和快问快答 343

　　　　活动：脱口秀 344

　　　　　讲义：灵活的未来 345

　　　　附加活动（备选）：四角游戏 347

　　　　　教师指导：四角游戏的问题与参考答案 348

　　　　结束：课堂练习和家庭练习 349

　　　　　讲义：毕业证书 350

　　　　　课堂练习 21 351

　　　　　家庭练习 21 352

　主题 6　成长报告 353

附录 355

引　言

本指导手册的目标

UOT 是一个执行计划，旨在教导学生如何变得更加灵活、有计划性，以及更具有目标导向。这一干预措施的目标有两个：

1. 帮助那些有执行功能困难的学生提升认知灵活性、组织性和计划能力，使他们能够更流畅地在不同话题、任务和工作对象之间切换，思考新的想法、不同的信念或他人的观点，并能在课堂及其他场合独立完成多步骤任务。

2. 在课堂上有效进行干预训练，让教师有更多时间专注于教学，并减少在管理行为上的时间投入。

谁将从这一干预中受益？

UOT 是为 8 至 11 岁的，在灵活性、组织性和计划性上存在困难表现的学生研发的，特别适用于有孤独症谱系障碍（ASD）、注意缺陷多动障碍（ADHD）、焦虑或其他相关问题的学龄个体。这些学生起码具有平均智商，并至少具备二年级学生的语言能力和阅读水平。

谁能提供这一干预方案？

UOT 是为学校场景里的小型学生小组设计的，旨在提供每周一次的干预方案，由教师、心理学家、社会工作者、言语治疗师、作业治疗师、咨询师或经过培训合格的教学助理等专业人员带领执行。执行这一干预方案的专业人员应具备与有特殊需要的学生合作的基本技能，包括了解正强化技术，并在开始训练前阅读完整的指导手册。临床医生和家长已经在小组训练或一对一训练中成功地使用 UOT。

课程教案指南

本指导手册包括 21 节课，分为 6 个主题。

主题

每个主题以概述页开启，总结了主题内容、预期结果和该主题的理论背景。概述页上的信息涵盖了该主题下所有课程的相关材料。每个主题还包含一份成长报告，旨在监测学生在整个课程中的学习进展，并与家长和照料者沟通学生的进步情况。

课程

每份教案的结构相同，包括：

- 教学目标的说明
- 活动所需材料清单
- 指导说明
- 活动介绍
- 辅助资料

每节课都有标准的开场和结束流程。课程以"目标—原因—计划—执行—检查"（Goal, Why, Plan, Do, Check，简称 GWPDC）的结构引入，旨在强化 UOT 中教授的关键脚本，帮助学生完成多步骤任务。每节课（第一课除外）还会以前一节课的总结（如，快问快答）开场，重点强调学生已学到的词汇。最后，课程以复习并完成 GWPDC 结束。

在开始给学生上课之前，你必须完全理解课程内容，这一点至关重要。因此，在教学前，教师需阅读整个主题内容，充分掌握需教授的技能、课堂环节的流程，并准备和收集好相应的材料。你最了解自己的学生，因此对课堂的整体理解可以帮助你在必要的时候适当调整课堂的节奏和内容。需要注意的是，有些课程可能需要你收集教室或学校场景外的材料，这些材料已在手册中标有🛒；而有些课程则可能需要你花更多时间准备教学素材（例如，材料剪裁），这些已在手册中标有✂。

课堂练习和家庭练习

每节课包含一份课堂练习讲义和一份家庭练习讲义，目标是：

- 提供额外的练习机会。
- 与家长和任课教师分享关键的脚本、词汇和概念。
- 鼓励家长在家中、任课教师在课堂上使用相似的语言并实践相应概念，从而促进学生在不同环境中泛化使用技能。

让学生先在课堂上复习家庭练习讲义再将它们带回家对学生很有帮助。为了促进学生的技能泛化，鼓励你将课堂练习讲义分享给与学生有交集的校内工作人员。

UOT 概述

UOT 课程的主要目标如下：

- 通过具体的实践操作和实验，教授**什么**是灵活性，包括肢体灵活性和认知灵活性，并引入特定词汇（如**灵活性**、A 计划→B 计划、困境）。
- 解释灵活性很重要的**原因**。课程为学生提供清晰的指导，说明灵活应对的好处（如，它为学生提供更多选择，它帮助学生成为更好的朋友）。
- 教授学生**如何**变得灵活。强调持续不断地练习日程常规和自我调节的脚本，直到它们变得熟练、自动化。

- 教授**什么**是目标以及**如何**实现目标。课程包含了许多堂课来帮助学生们关注他们的目标内容，排除干扰并专注在主要或核心目标上（如，取得好成绩，交一个朋友）。
- 教授用于设定一个目标并完成各种类型的多步骤活动、项目和作业所需的日程常规和脚本。GWPDC 是一种改善执行功能、学习效能和独立学习习惯的通用策略，适用于多种类型的任务。它促进目标导向的行为、持续努力，提升解决问题能力、自我监控技能和灵活性。这个策略如此关键，以至于我们将其作为每节课的框架，并尽可能将其嵌入活动中。许多教育工作者在使用 GWPDC 后取得了显著成效，因此他们将其广泛应用于日常教学中。我们建议你也这样做。
  - GWPDC 如何工作？它使目标设定明确且易于理解。通过明确计划，学生能够更有效地学习如何制订计划，并通过使用 A 计划、B 计划、C 计划等获得培养灵活性的机会。明确检查计划的过程，可以帮助学生监测计划是否达到预期结果，并在需要时进行调整，从而培养他们的自我监控能力和灵活性。
- 当学生难以灵活应对或难以表现出目标导向性行为时，教其如何处理。正强化和幽默都对塑造学生的行为具有神奇的力量，所以它们贯穿于整个课程。课程还教授学生在难以保持灵活性时可以使用的应对策略。

关于执行功能，你需要了解的内容

什么是执行功能？

执行功能是一组基于大脑的能力，帮助人们控制自己的行为（例如，保持安坐在桌子前）并实现自己的目标（例如，完成多步骤的任务，比如准备好去上学）。构成执行功能的大脑能力包括：

- 启动（快速且轻松地开始做某事）
- 抑制（控制冲动、"踩刹车"以及"三思而后行"）
- 灵活性（从一种活动或想法转变为另一种，接受不同的看法或做事的方式）
- 工作记忆（在执行任务的过程中持续记住信息，例如，开车前往目的地的过程中记住别人告诉你的目的地方向）
- 组织（追踪各种资料，理解要点，有宏观框架，任何时候都分得清轻重缓急）
- 计划（制订、执行和修改行动计划，例如，完成一个科学展项目）
- 自我监控（追踪自己的表现，例如，"我做得怎么样？""我是否在做我应该做的事情？"）

UOT 课程专注于训练构成执行功能的大脑能力中的四项能力：灵活性、组织、计划和自我监控。

什么是灵活性？

天生具有刻板和不灵活特质的学生可能会在以下场景中遭遇困难：

- 衔接转换
- 接受变化和意外事件
- 回应他人的反馈
- 想出解决问题的新方法
- 接受对规则或事件的灵活解释
- 管理一种强烈的情绪感受
- 回应朋友的需求或兴趣
- 与他人协商
- 接受不同的观点

总的来说，灵活性技能对于学业和社交成功至关重要，也是本课程的主要关注点。然而有时候，固化也可以是一种适应性行为。例如，大多数人在出门前都会或多或少遵循一套起床常规，以确保刷好牙再出门。对于那些有执行功能困难的学生来说，有时候固化是必要的，因为他们很容易因社交、群体和陌生情境感到不知所措。一旦感到有这样的压力，有执行功能困难的学生会变得更加焦虑、冲动或表现出其他不恰当的行为。由于他们可能因此遭受同龄人甚至成人的孤立、嘲笑和欺凌，在这种情况下，他们面临的风险非常严峻。"孤独症自我倡导网"（the Autism Self-Advocacy Network）的联合创始人阿里·内曼（Ari Ne'eman）提供了一个类比来解释固化的保护功能：

"在地雷区，任何人都会非常谨慎地移动，避免做出任何突然或意外的举动。这种感觉类似于我们这些有孤独症的人在社交情境中的体验。"（私人谈话）

因此，"固化"在限制学生必须响应的意外事件的数量上起到了一定作用。这就意味着如"成功实施 *UOT* 的先决条件"一节所述，成年人务必提供可预测的结构和日程。

什么是计划和组织能力？

天生在计划和组织能力方面存在问题的学生可能会遇到以下困难：

- 设定可达成的目标
- 预测完成某件事情需要的时长
- 遵循能达成目标的一系列步骤
- 整合信息以形成统一的理解
- 无须过分努力即可及时展示他们所知道的
- 理解今天完成家庭作业对将来取得好成绩的重要性
- 上交已完成的作业
- 开始执行多步骤的任务
- 在解答问题时呈现计算过程

- 写作中使用论点论据
- 服从课堂上的指令（特别是非书面指令）
- 知道完成任务所需的步骤和材料
- 作出推断

本课程向你展示了如何教授学生关键的组织和计划能力，以及重要的日程常规（如设定目标）。此外，就像灵活性一样，学生也需要针对这些问题进行具体调整。就像需要提前告知无法灵活应对的学生即将发生的变化一样，在课堂上也需要为混乱无序的学生提供额外的视觉信息，提醒他们交家庭作业。通常还需要加强与家长的沟通，以帮助他们在家里更好地组织孩子的活动。例如，通过电子邮件告知家长，学生没有带家庭作业来学校。将一个大任务分解为一系列小步骤，并在学生完成每个步骤后及时检查，这对大多数在组织和计划方面存在困难的学生来说，是另一种重要的调整策略。

当孩子同时存在固化、混乱无序及其他执行功能困难时（如自我意识和自我监控问题），他们甚至连最基础的任务都很难完成。以下关于迈克尔和洛琳的小故事展示了他们在现实生活中的样子。

迈克尔和洛琳是一对聪明的 10 岁双胞胎。迈克尔被诊断为 ADHD，洛琳则没有。以下例子展示了他们的执行功能能力如何影响他们在学校"读写工作坊"中的表现。他们都是表达能力很强的孩子，拼写和语法能力也很出色。在课堂讨论中，他们通常能提出很好的想法，并且显然具备完成当天作业所需的语言知识。他们刚开始一个关于传记的新单元课程，任务是选择一个英雄人物进行传记阅读和写作。**表 1** 描述了当他们尝试将知识付诸行动时会发生什么。

锁定目标 灵活达成（第2版）
Unstuck and On Target!

表1　在学校里，灵活、有条理和目标导向的规划是什么样的?

迈克尔	洛琳
迈克尔迟到了几分钟才进教室，因为他经常把材料弄得**杂乱无章**，忘了拿笔记本，只能回原教室拿。他错过了老师的完整介绍，但看到黑板上写着要求学生选择一个英雄人物进行传记阅读和写作。他没有理解或记录任务顺序的重要性，也没有记下任何关于作业的内容，或**计划**完成它所需的步骤。他立即决定他要阅读一切关于海豚的内容。他热爱海洋哺乳动物，并认为海豚是他的英雄，因为它们在各种逆境中都能生存下来。	洛琳将材料收拾得**井井有条**，准时到达课堂。她的笔记本上有专门的一个部分是用于"读写工作坊"的，她会在老师说出和在黑板上写下指导的同时将相关内容都记录下来。洛琳还会在自己的日程表上写下草稿的截止日期，并制订一个**计划**，明确何时需要完成作业的特定部分。
迈克尔的老师注意到他迟到了，于是单独检查他是否理解作业内容并选择了一个主题。迈克尔没有记下任何细节信息，但依然回答了"是的"。当老师说英雄必须是人类时，他依然**固执**地表示他会写关于海豚的内容。他**冲动**地与老师进行了争论。老师花了5分钟帮助迈克尔冷静下来。在她的帮助下，迈克尔同意选择雅克·库斯托，他是一位对海洋哺乳动物情有独钟的著名海洋探险家。	她从容地**开始**做这项作业，思考选谁作为她的英雄。她考虑了几个选项，并根据获取人物相关信息的难易程度以及自己感兴趣的程度进行了**灵活**的筛选。她选择了玛丽·居里。
迈克尔没有**制订**完成作业的计划，仍然**执着**于海豚的他径直走向了学校的图书馆，那里有一本他一直想看的关于海豚的书。他知道他需要调查库斯托，他认为这本书里可能有一些关于库斯托的内容。然而，当他阅读这本书时，他被书中的海豚图片所吸引，全然**忘记**了写作传记的**目标**。当老师宣布下课时，他感到很惊讶，还因为没看完这本书而感到沮丧。老师发现了他的困扰，再次来到他的桌前，与他一起制订了一个作业计划，这样他才能将这本书带回家看。老师也告诉他，他需要在互联网上找到3份关于库斯托的资料才能完成这项作业。	洛琳**检查**时间时，发现课堂时间还剩20分钟。她询问老师是否可以去图书馆查找相关资料。洛琳得到了许可，并充分利用了在图书馆的这段时间，因为她始终**专注于自己的目标**：找到关于玛丽·居里的3本书。下课时，她带着3本书回到了教室。

引　言

续表

迈克尔	洛琳
第二天，迈克尔到教室时没有带作业。他**心不在焉**，开始和同桌聊海豚。老师再次和他进行一对一的情况核查，并询问他是否已经找到3份资料。他说没有，他忘了。于是老师请一位家长志愿者帮助他在图书馆找3本关于库斯托的书。他找到了这些书，并开始根据其中一本记笔记。然而，他在**组织**和区分论据与论点时遇到了困难。他也讨厌写作，写下的内容非常少。第三天，迈克尔把书忘在家里了。他感到很沮丧，但当老师坐下来建议他当天在课上找一本其他的书阅读时，他却**固执**地认为只有在家里才能阅读书籍。老师给迈克尔的父母发了电子邮件，请他们在周末帮助他完成这项作业。	第二天，洛琳带着她借的3本书来到教室并根据计划继续完成作业。她阅读了其中一本书并做了笔记。下课时，她**检查**了进度，意识到明天她将需要完成另外两本书的笔记。于是她按照计划完成了这部分内容。
周一，迈克尔带着由他口述、母亲代写的笔记来上课。老师给了他一份复印件，上面是关于传记的写作提示。迈克尔写了一个只有四个简短句子的段落。	周一，洛琳带着她的读书笔记来到教室，利用她的日程表和良好的**工作记忆**，按计划推进即将开始的初稿起草工作。她根据老师提供的提示写了一份**条理清晰**的草稿，并交给老师审阅。
第二天，迈克尔拒绝根据老师的反馈做出任何修改。他的老师决定尝试一种新策略，让他口述，由一名志愿者同学代他写。用这样的方式，他说出了更多的信息，但信息仍然**组织混乱**，且没有遵循作业的评分标准。	洛琳将老师的修改意见和所有评分标准**灵活**地融入了写作中，提交了一份关于玛丽·居里的传记终稿。
结果：迈克尔几乎没有进行阅读，没有学到新知识，也没有按照写作提示完成作业。他的写作水平低于年级水平和自身的口语表达水平。他的老师很担心他在课堂上"不努力"，缺乏取得成功的动力。	**结果**：洛琳有机会在她感兴趣的科学领域了解了一位新的英雄人物。她学会了研究技能，并练习了自由写作和修改技能。老师对她的印象加深了，认为她是一个聪明勤奋的女孩。
所需的一对一辅导时间：60分钟。	所需的一对一辅导时间：10分钟。

成功实施 UOT 的先决条件

本课程旨在为像迈克尔这样的孩子教授洛琳成功完成作业所需的技能，但有些具体的支持措施必须在其学习新技能之前安排到位。接下来，我们将描述在学校内部、课堂上以及师生互动中应就位的一些基本支持措施。

一支灵活且支持性强的学校团队

当学生的大脑能力与学校的环境和任务要求相匹配时，他们学得最好。如果不具备这样的条件，可以采用以下 3 种可能的解决方案：

1. 学生学习新技能并适应环境。UOT 课程旨在教授学生新的灵活性、目标设定和组织的技能，以使他们能在学校里成为更高效的独立学习者。

2. 学校团队调整或改变环境以适应学生的需求。由于许多有执行功能困难的学生所处的融合环境是为天生有序且灵活的人设计的，他们的大脑通常很难与这样的环境要求相匹配。就像坐轮椅的学生有权获得特殊支持一样，有执行功能困难的学生也应如此。这些孩子需要发展自我意识和自我倡导技能，以确定何时请求特殊支持。掌握自我意识和自我倡导技能是一个漫长的过程，这一过程始于成年人提供后文所述的基本支持。

3. 避免筛选性的、不接纳的环境。对于有执行功能困难的学生来说，有些情境或任务可能会带来不可接受的风险。这些情境或任务可能需要学生付出极大的努力，以至于他们无法继续完成其他工作，甚至可能使学生感到不知所措，增加产生不恰当行为表现的风险，或引发极强的焦虑。因此，学生需要学会识别这些情境或任务并避免它们。例如，有时候对学生来说，比起在拥挤的大食堂里，在教室里吃午餐反而是最好的选择。在学生的早期教育体验中，成年人需要识别这些情境或任务，并提供合适的替代方案。随着时间推移和学生能力的发展，他们将能更好地自行识别这些需要支持的时刻。

支持性的学校环境具有以下特点：

1. 学校团队不会因为学生出现无法由自主意志控制的行为而责备或惩罚学生。我们都知道，责备一个具有阅读障碍的孩子没学会阅读是无效的，因为这无法成功改变这个行为或获得有意义的进步，而且会制造糟糕的氛围，影响其他教学活动。换句话说，我们知道孩子**无法**通过常规的策略学会阅读，而不是他**不愿意**阅读或选择不阅读。对于有执行功能困难的个体也是如此，教育者们理解学生是"不能"而不是"不愿"，这一点至关重要。**表2**列出了有执行功能困难的学生的一些常见的迷惑行为。

2. 学校团队提供重要的支持措施。常规的支持措施包括：

- 偏好座位
- 维持可预测的日程，张贴时间表
- 广泛使用预备材料和视觉提示
- 帮助整理书桌和任务材料
- 尽可能提供选择
- 减少与学生互动的工作人员数量
- 尊重不会造成伤害的自我宽慰、重复性日程（例如，坚持按时间表行动，遵循偏好的饮食习惯）
- 与家长进行额外的联系或合作

3. 学生在学校至少有一位教练或"安全员"。安全员了解学生，并且在每一个学生需要的时刻为其提供帮助，以复盘学生与他人互动中遇到的困难，解释令学生困惑的问题，并鼓励学生提出需求。安全员也会定期对学生进行回访，以监督、教授并积极指导执行技能的使用。

4. 基于积极行为支持创设结构化的行为管理系统。在全校范围内使用积极行为干预和支持系统是理想的情况。

5. 学校团队共同努力，强化 UOT 训练中的词汇、脚本和行为。只有在学生所处的所有环境中一致地实施这些干预，训练才有效果。

表2 是故意的不良行为还是与众不同的大脑所致?

看上去像"不愿"	可能实际上是"不能"
违抗,固执	认知固化,试图避免不堪负荷
缺乏意愿("如果他想做,他就能做到")	难以转换,注意力不稳定,毫无条理
粗鲁	难以控制冲动行为
以自我为中心	社交认知困难,无法换位思考
不努力("她不尝试")	行为发起存在困难,计划能力受损,注意缺陷
无法或不愿将好的想法写下来	精细技能差,毫无条理
书写潦草,作业马虎	冲动,管理困难,自我监控不足
拒绝控制情绪爆发	不堪负荷,冲动,管理困难
对他人缺乏关心("他不在乎别人的想法")	非语言社交线索提取困难,有冲动行为
对学校缺乏兴趣	注意缺陷和工作记忆能力不足

灵活、有条理且支持学生的教育者

每位教育者都有责任抓住机会为自己的课堂营造积极氛围。灵活性和计划性,就像笑声一样,是具有感染力的。当教育者和学生都能持续展示出灵活性、设定目标的能力和计划性,并营造出积极的课堂氛围时,孩子们最有可能茁壮成长并掌握这些技能。尽管优秀的教师可能已经使用了许多策略,但教育者可以明确在课堂上对这些技能多加使用,具体方式如下:

- 在不同的任务、活动和期望之间流畅且平静地衔接过渡;当发生变化和意外事件时,灵活响应。
- 避免权力斗争。例如,当教师提出要求而学生拒绝服从时,教师应避免提出第二个更强硬的要求,或对学生的拒绝行为进行惩罚。
- 使用高比例的表扬与纠错(5∶1最佳)。通过积极的行动促进学生更好表现,例如实施教学支架策略(提供学生成功所需的支持)、详细阐述

引　言

（扩展话题以促进学生理解）和示范（为学生演示新技能来帮助他们观察学习），而非试图使用"后果和纠错"来阻止不佳的表现（见表3）。

- 为即将发生的事情提供积极的预备或警示。有效的预备至少应该在改变发生之前的几分钟出现，例如停止任务、更换班级或中断活动等。预备工作最重要的是提供具体和明确的指示，告知学生需要做什么准备来应

表3　积极与消极：积极的教师回应可以改变互动的导向；消极的教师回应可能导致学生做出消极回应，最终陷入根深蒂固的负面循环

	保持积极或中性	保持消极
老师	（平静）还有10分钟就下课了。我去拿你的课程表，这样我们可以为下一节课做好准备。	（着急）快点完成你的练习作业。你需要准备好下节课的材料。
强尼	我还在做作业。	我还在做作业。
老师	你可以继续做。这是你的任务清单。接下来你要做什么呢？	之前你在课堂上讲话的时候早该想到这种情况了。
强尼	（强尼看了清单，把数学书和作业本放进背包）	我觉得很无聊！我讨厌数学！
老师	太好了。你把作业本放进背包的时候，我来读下一项——检查确认你的桌子里没有纸。	你甚至还没有把数学作业收好！你得快点儿！
强尼	（检查了桌子，把铅笔放进背包）	我讨厌学校。我甚至不想待在这儿。
老师	清单上接下来还有什么？	好吧。也许到了你该去校长办公室的时候了。
强尼	拿出你的英语书。	（感到不堪重负）不！
老师	是的！你知道它在哪里吗？	在室内你得小点儿声！
强尼	太好了！就在它原本的地方！昨天把它放回原位的想法真是不错。	真是够了。我受不了了！（愤怒地冲出教室）
老师	再见！（强尼去上下节课）	（带着强尼去校长办公室）

013

对即将发生的改变。例如，如果指导学生写完某个写到一半的特定句子，或告知他稍后有时间完成这份作业，那他可能更容易停止完成写作任务。

- 对要完成的任务、期望的行为以及学生如何设定和实现目标提出清晰、明确以及具体的期望。
- 为所有多步骤任务提供清晰的分步说明。就近放置白板，以方便快速地提供"视觉提示"。
- 保持教室的整洁有序，尽量减少杂乱和视觉干扰，并为提交作业、收拾回家以及课间过渡等制定清晰的流程。
- 为难以遵循课堂常规的学生提供具体的视觉提示。
- 表现出冷静的态度、同理心、积极的态度和高期望。这些性格特质对所有教育者都十分重要，尤其是对那些与有执行功能困难的学生打交道的教育者。
- 同步监测学生内在和外在的表现水平下降的时机和原因，并及时介入解决。例如，假设一个学生拒绝写一段话来描述他的暑假，教育者不是假设他不服从，而是意识到学生有困难，并努力找出学生拒绝完成任务的原因。也许学生不知道从哪里开始，在精细动作任务方面有困难，或没有铅笔。一旦确定了具体原因，寻找解决和协商的方案（例如，提供一份写作评估标准、提供铅笔或允许学生使用电脑写作）就更容易了。
- 了解自己。要成为一名有工作成效的教育者，你必须了解自己在课堂上的表现。什么会让你沮丧？有没有特定的学生或行为是你沮丧的诱因？你是否在课堂上显得刻板或散漫？那是什么时候？当你刻板的时候，你有什么行为？觉察自己的早期征兆，并应用有效策略来增强灵活性、组织性和效能感。
- "边想边说"，或提供明确的指导。因为有执行功能困难的学生很难从自己的经验或观察他人中学习，他们可能不会意识到，灵活应变并设定目标，或者按计划行事会让自己交到朋友或取得更好成绩的机会变多。当明确地教授一些核心概念时，例如将情境中隐性的执行功能要求显性化，这样的教学技巧会持续强化这些概念，这些学生的表现会更好。通过强调你自己在情境中使用执行功能的经验，并明确识别灵活的、有条理的反应，你可以为学生提供一个工作框架，帮助他们应对其他困难情境。例如，你可以说："我本来希望使用投影仪向大家展示这张作业纸，但它的灯泡烧坏了。我会随机应变，给每个人发一张作业纸。"

- 尊重学生，并将他们视为教育过程中积极合作的同伴。合作关系并不需要教师向学生让步，或放弃对他们的期望。实际上，合作关系往往能促进学生付出更多努力并提高产出。合作关系确实要求教师在明确期望的框架内提出可选项，例如，允许学生选择论文的主题。它还要求双方听取对方的意见。一位学生指出，他希望在适当情况下，"老师能倾听我们的想法，不要妄加猜测，要考虑我们的意见"。

- 给学生赋能。当你确定要对一天中的某些举动（例如，午餐后进行 5 分钟的休闲阅读）或不适合学生的某些环境（例如，嘈杂的食堂）进行调整能使学生受益时，应帮助学生觉察他们自身的需要。这是教授有效自我倡导技能的至关重要的第一步。你可以像以下示例一样表达：

  ○ "我注意到餐厅非常吵，当你坐在里面时你会捂住耳朵。这让你没办法说话或吃东西。你能帮我找一个你能安静吃午饭的地方吗？"

  ○ "你已经告诉我了，早上来上课的时候你觉得很疲倦。昨天你玩完秋千后整个人精力充沛，很顺利地开始做作业。上早课感到疲倦的时候，我们应该使用什么策略？"

- 通过恰到好处的提示技巧提供最佳支持。使用引导性练习和渐褪提示来逐步建立新技能。引导性练习从具体任务和教师的高度支持开始，如口头提示和反应转移。成年人的作用是提供学生获得成功所需的行为支持，而不是充当拐杖或使学生产生依赖性。因此，教师应该在学生能够独立使用技能时尽快减少支持和指导。在 *UOT* 干预过程中，教师必须在一开始就准备好提示学生使用脚本和例行常规，但随着时间的推移应逐步减少提示，仅提供学生获得成功所需的最基本支持。在这方面，用苏格拉底式提问（例如，"你需要什么来开启任务？"）代替直接提供答案，可以帮助教师了解学生在没有提示的情况下能够产生多少想法。这个过程将使学生能够独立且自动使用新词汇和脚本。然而，自动使用新词汇和脚本需要一定的时间，并且需要重复练习。可以将其类比为体育训练或音乐教学的模式，在该模式下，学生得重复练习直到完全掌握动作或曲目。

强化系统

这个强化系统的目的是塑造和强化学生行为，并增加亲社会互动行为。希望该强化系统能激励学生专注于任务、展示目标技能，并对小组做出积极贡献，从而改善课堂文化。在这个结构化的强化系统中，你可以根据学生的个体需求和他们最感兴趣的激励因素，灵活地调整激励措施（有关建议请参阅**问题排查**部分）。

系统结构

- **计分标记**——每当学生展现出目标行为（使用 UOT 的一个技能、以积极的方式为小组作出贡献，或展示出你希望看到的持续出现的任何技能），他就会在小组目标计分框中获得一个可视的积分。在上 UOT 课程期间，你应该力求发放至少 10 个计分标记。

- **表扬**——增加期望行为的关键要素是将积分与表扬配对。作为积极行为的强化手段，表扬有助于培养学生与教师之间**积极**且有成效的**关系**。表扬使你能够根据学生的个体社交学习的需求，**量身定制反馈内容**。经验法则是 3∶1（3 次积极表扬对 1 次纠正性反馈）。表扬应该**具体**、**真实（真诚）**且**及时**。

    3∶1 的例子：请将手放在自己的位置上（纠正）；你开始做

作业了,很棒(表扬);你跟隔壁同学至少保持了一条手臂的距离,我很喜欢(表扬);后排的同学都在很安静地做作业,我看得出每个人都很专注(表扬)。

- **温度计**——在每次社交学习课结束时,计算小组获得的积分总数。把这个数字记录在小组温度计上。
- **我们将获得什么?** 以小组为单位,决定学生在填满温度计后将获得什么奖励。决定小组奖励时,你得确保它对学生有激励作用,并且是你能够持续提供奖励的(不需要太多时间、人力或金钱的投入)。当你选好了小组奖励时,将其贴在温度计顶部,不断提醒学生努力的目标。

    小组奖励的例子:电影/视频网站的视频片段、零食、游戏时间、自由玩耍时间、作业豁免券、户外活动时间、一份当学生达到目标时可以从中选择奖励的清单

- **下一步**:这个系统简单到几乎不需要教师进行额外准备。你可以在纸上画一个温度计,并在小组内持续使用它直到学生达到目标为止。或者,你也可以在每个小组开始任务前,快速在白板或记录纸上绘制温度计。你通常需要为每个小组创建一个新的计分框——无论是直接画在白板或记录在纸上,还是将一张纸贴在教室前方。如果你决定使用白纸,记得每节课都需要准备一张新的。小组时间结束后,在温度计上记录积分总数。
- **需要多长时间?** 考虑你小组的需求也很重要——学生们要等待多长时间,仍能保持获取积分的积极性?不同小组的情况不同,但通常不应超过3周。一个主题一个奖励可能是一个不错的目标。

视觉化强化

小组目标示例

在教室的前方展示小组目标框和小组温度计的样式。每个小组开始做任务前,计分框都是空的。

221 教室的目标冲刺!

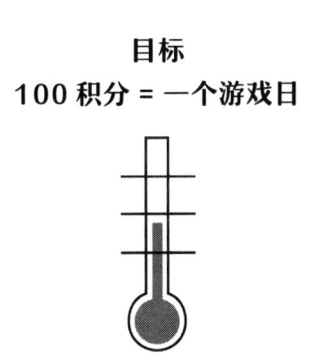

221 教室今日目标
20

日期:10 月 12 日

目标
100 积分 = 一个游戏日

问题排查

注意:更多疑问和答案请参阅**附录**中的**问题排查**部分。

担忧:我的学生应该要有好好表现的动机;我不想为了让他们听话就给他们提供外部强化物!

对你和其他学生有效的内在动机,对于患有孤独症谱系障碍或注意缺陷多动障碍的学生来说不一定同样有效,因为对后者来说,那些内在动机并不总是合乎逻辑或清晰明确的。你需要设计一个明确的奖励系统。对于任何人来说,改变都是困难的。但如果我们朝着一个大目标努力且最后能得到奖励,我们就会做得更好,哪怕奖励只是一块巧克力,或者减肥后买的一件新衣服。因此,对于患有孤独症谱系障碍或注意缺陷多动障碍的学生来说,奖励尤其重要。这两种障碍对学生的内在动机系统有深远的影响:许多患有孤独症谱系障碍或注意缺陷多动障碍的学生可能对他们感兴趣的事物有动力,但无法只是因为你或其他成人希望他们做某件事而有动力去完成这件事。

当你希望学生学习新事物，特别是他们无法自然习得的事物时，请确保你提供一个可触摸的、有意义的奖励。当学生学习全新技能时，学生每完成一步都应给予其奖励。随着他们的技能逐步提升和发展，你应奖励他们独立习得这些技能。

担忧：如果计分标记不具有激励作用，我该怎么办？

1. 将强化系统整合到奖励期望行为的常规日程中。要使这个奖励系统尽可能简单、清晰和灵活。它越容易理解和使用，你就越有可能使用它。你越是使用它，系统就会变得越强大。

2. 给予额外的奖励或积分！应该为额外的努力给予额外的、意想不到的积分或奖励。间歇性强化是最强大的强化类型。这就是为什么当年老虎机很吸引一些人，为什么工作出色时获得价值 20 美元的惊喜礼品卡比加薪 20 美元更有激励效果。对学生帮助同学或朋友，或者学生有协商、谈判或任何其他你想鼓励的积极行为给予额外的奖励或积分。

3. 经常更换奖励。一旦你的学生"习惯了"你的奖励，你就需要更换它以保持激励效果。尝试更有创意的奖励。

4. 你的学生需要更频繁地达到他们的温度计目标。只有当计分标记与他们感兴趣的奖励关联起来时，它才具有强化作用。

担忧：我该如何选择对整个小组都有强化作用的奖励？

有些小组可能难以就奖励达成一致。发生这种情况时，你可能需要为他们选择奖励。选择你认为学生在达到目标后可能最喜欢的东西（如你同意戴一顶蠢帽子）。大多数小学生喜欢看他们的教师做傻乎乎的事儿。其他选项包括观看一系列有趣、引人入胜且简短的视频片段，或者让（在竞争不会加剧困难的小组中）表现最佳的学生从篮子中抽取一个奖励编号。尝试设置更有创意的奖励，并经常更换选项。

担忧：最近学生表现不佳，我很难找到至少 10 件可以给予计分标记或值

得表扬的事情。

有时，提供一个额外的提示来明确成功的期望会有所帮助。例如，你可能会拿起笔，将笔悬停在计分框上，一旦看到好的行为表现就开始给奖励。你可能会用积极的语气和表情说："我准备好看到一个表现良好的小组了！""我准备要给奖励了！"请更努力地找到学生们值得奖励的表现，先及时给予奖励，哪怕你认为学生可能下一秒就会做出需要纠正的行为。例如，如果你看到一个学生坐立难安而即将离座，在他起身之前，你就说"谢谢你坐好了，准备学习"，并给予他1个积分。这通常可以将一个非期望的行为扼杀在摇篮里。

同时，避免扣分。对于患有孤独症谱系障碍的学生来说，奖励和表扬比惩罚更有效。惩罚可能引发新一轮的固化行为，或者使情况变得更糟。

担忧：我觉得我在用这个奖励系统贿赂我的学生。

奖励与贿赂并非同一回事：在行动之前给予是贿赂，比如我付钱让你明天在立法表决上投某种票。奖励发生在行动之后，比如你的薪水。

担忧：我的学生需要即时的强化，等温度计满需要太长的时间了。

1. 使用大量的视觉提示。积分奖励应采取视觉化、系统化的方式，如在图表上呈现或给予可触摸的奖励，并且在一天中频繁统计。

2. 确保每日给予奖励。学生应频繁地使用积分来兑换对他们来说具有高度激励性的东西，例如玩电脑的时间、看视频的时间，并且已经兑换了的积分仍然计入温度计的总分统计中。

图　标

目标—原因—计划—执行—检查（GWPDC）

当你看到这个图标时，你要明白这是一个帮助学生将多步骤活动分解为更小、更易管理的任务，从而顺利完成活动的好机会！

灵活性

当你看到这个图标时，你要明白这是一个帮助学生认识到灵活应对挑战或意外情境的好处的好机会！

困境

当你看到这个图标时，你要明白这是一个帮助学生认识到他们在某件事上"陷入了困境"并想办法"摆脱困境"的好机会！

A 计划→B 计划

当你看到这个图标时，你要明白这是一个帮助学生认识到，如果他们的第一个计划（A 计划）不起作用，还有其他选项（B、C、D 计划等）可以选择的好机会！

有选择 / 无选择

当你看到这个图标时，你要明白这是一个帮助学生识别什么是他们有能力改变的事情，而什么是他们无能为力的事情的好机会！

大事 / 小事

当你看到这个图标时,你要明白这是一个帮助学生学会区分重要与不重要的事情的好机会!

协商

当你看到这个图标时,你要明白这是一个帮助学生学习与他人协商的策略,使双方都能折中满足需求的好机会!

核心目标

当你看到这个图标时,你要明白这是一个帮助学生确定他们的目标,以及实现这些目标所需的步骤的好机会!

课程中的实用脚本练习清单

目标—原因—计划—执行—检查（GWPDC）
- "你的目标是什么？"
- "你的计划有助于实现你的目标吗，还是我们需要制订 B 计划？"

主题 1，第一课：导入

主题 1，第一课：课堂练习 / 家庭练习

主题 1，第二课：活动 1，活动 2

主题 1，第三课：课堂练习 / 家庭练习

主题 5，第十五课：活动 1

主题 5，第十五课：课堂练习 / 家庭练习

主题 5，第十六课：活动 1

主题 5，第十六课：课堂练习 / 家庭练习

主题 5，第十七、十八课：活动 1，活动 2

主题 5，第十九课：活动 1

主题 5，第十九课：课堂练习 / 家庭练习

主题 6，第二十一课：活动 1，附加活动

灵活性

- "我们可以灵活应对，制订 B 计划。"
- "我喜欢你如此灵活的样子。"

  主题 2，第五课：活动 1，活动 2

  主题 2，第五课：课堂练习/家庭练习

  主题 2，第六课：活动 1，活动 2

  主题 2，第七课：活动 2

  主题 4，第十三课：活动 1，活动 2

  主题 4，第十四课：活动 1，活动 2

  主题 4，第十四课：课堂练习/家庭练习

  主题 5，第十七、十八课：活动 1，活动 2

  主题 5，第十七、十八课：课堂练习/家庭练习

  主题 6，第二十一课：活动 1，附加活动

困境

- "我在这里陷入了困境。我该如何摆脱困境？"
- "因为你摆脱了困境，现在你有了更多选择。"

  主题 2，第七课：活动 1，活动 2

  主题 2，第七课：课堂练习/家庭练习

  主题 3，第九课：活动 2

  主题 4，第十三课：活动 1，活动 2

  主题 5，第十七、十八课：活动 1，活动 2

  主题 6，第二十一课：活动 1，附加活动

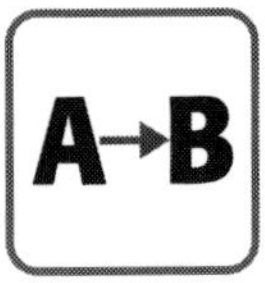

A 计划→B 计划

- "我们的 B 计划是什么？"
- "我很高兴我们有 B 计划，这样我们依然可以实现我们的目标。"

主题 3，第八课：活动 1，活动 2，活动 3

主题 3，第八课：课堂练习 / 家庭练习

主题 4，第十三课：活动 1，活动 2

主题 5，第十七、十八课：活动 1，活动 2

主题 5，第十七、十八课：课堂练习 / 家庭练习

主题 6，第二十一课：活动 1，附加活动

有选择 / 无选择

- "你有选择。我们一起看看你所有的选项。"

主题 3，第十一课：活动 1，活动 2

主题 3，第十一课：课堂练习 / 家庭练习

主题 6，第二十一课：活动 1，附加活动

大事 / 小事

- "我们怎样才能把这个问题大事化小？我们来制订一个计划。"
- "我能感觉到这件事是个大麻烦。我建议让我们想办法把它变成一个小问题。"

主题 3，第十课：活动 1，活动 2，活动 3

主题 3，第十课：课堂练习 / 家庭练习

主题 6，第二十一课：活动 1，附加活动

协商

- "让我们协商一下，这样我们俩都能折中满足需求。"
- "有总比没有好。"

主题 3，第九课：活动 1，活动 2

主题 3，第九课：课堂练习 / 家庭练习

主题 5，第十七、十八课：活动 1，活动 2

主题 5，第十七、十八课：课堂练习 / 家庭练习

主题 6，第二十一课：活动 1，附加活动

核心目标

- "我的核心目标是什么？"
- "那是你的核心目标还是一个干扰目标？"

主题 5，第十六课：附加活动

主题 5，第十六课：课堂练习 / 家庭练习

主题 5，第十七、十八课：活动 1，活动 2

主题 5，第十七、十八课：课堂练习 / 家庭练习

主题 6，第二十一课：活动 1，附加活动

意料之外

- "当我们不得不做出那个改变时，你表现得非常灵活——你是怎么做到的？"
- "你真的知道如何应对意料之外的事情！"

主题 3，第十二课：活动 1，活动 2

主题 3，第十二课：课堂练习 / 家庭练习

主题 1 基础技能

特别说明：尽管提供本主题中列出的词汇和框架很重要，但小组负责人应根据学生的具体需求和实际情况灵活调整教学内容和方法，以确保每位学生都能从中受益并有效参与。

总结：主题 1 介绍了促进学生成功参与小组课程和有效实施 UOT 课程所需的基础技能。
内容包括：（1）小组行为准则（基本规则）：为小组课程制定明确的行为规范，确保每位学生都能在一个安全、有序的环境中学习。（2）通用脚本（或例行程序）：目标—原因—计划—执行—检查（GWPDC）。通过这一框架，帮助学生系统地完成任务并组织小组课程。（3）视觉化情绪评估工具（Feelings Target）：教导学生使用视觉化工具识别自己的情绪状态。（4）情绪链（Feelings Chain）：帮助学生将情绪与行为及结果联系起来，理解情绪如何影响他们的行动和结果。（5）应对技巧：介绍常见的情绪管理技巧，例如深呼吸，以帮助学生应对情绪过载的情况。
先备技能：无
相关技能：身体感知，使用视觉化评估工具

成果——掌握标准

1. 学生理解并尝试遵守小组课程的行为准则。
2. 学生能够说明"目标—原因—计划—执行—检查"（GWPDC）常规中目标、计划和检查阶段的含义。
3. 学生能够使用视觉化图表来评定自己当前的情绪状态。
4. 学生能够识别并在需要的时候运用多种应对策略。

主题背景和基本原理

本主题介绍了一些基础技能以及小组课程中的行为准则。学生将学习一种实现目标的标准操作流程，称为"目标—原因—计划—执行—检查"（GWPDC）。GWPDC 是 *UOT* 课程每一节课的核心脚本。它是一种通用的自我调节/解决问题的脚本，为处理问题、情境或任务提供了操作模板。脚本的第一部分是介绍目标的概念。对于有执行功能困难的学生来说，明确定义目标非常重要，因为他们很容易过度关注细节，而忽视了活动的主要原因或目标。GWPDC 将所有活动分解为较小且易达成的步骤，帮助学生从一开始就专注于正确的目标。它通过鼓励制订计划、修订计划和制订备用计划（B 计划）来培养灵活性。鼓励学生尝试执行自己的计划，然后回过头再检查计划是否成功。这可以辅助他们完成通常难以进行的自我监控。这种方法的另一个优点是，关注计划而非学生的困难；因此，情境中的情绪崩溃可以归咎于计划不完善，而不是学生自身有问题。

主题 1 还介绍了识别情绪，将情绪与行为和事件关联，以及高效使用应对策略来管理情绪崩溃的基础技能。*UOT* 教授学生在面对灵活性要求和独立完成目标导向任务（如完成家庭作业）时调节行为的常规方法。这些技能对于有执行功能困难的学生来说具有挑战性，他们常常额外受到个体情绪崩溃的阻碍。此外，学生通常难以识别自己的情绪，导致他们往往在压力非常大、感到不知所措时才能意识到自己的压力。因此，在有关构成执行功能的能力的教学中，必须积极支持学生提高应对技能，帮助他们了解自己的情绪，并提供管理强烈情绪的策略。

第一课　互相了解

◎ 目标

这节课的目标是欢迎学生加入小组，帮助他们相互了解，并制定行为准则。该行为准则将作为学生在小组中取得成功的行为指南，同时为行为和期望建立一种共同语言。本节课包含两项活动。

活动所需材料

– 需自行准备：

- 白板或记录纸
- 普通记号笔（如果使用记录纸）或白板笔（如果使用白板和海报，请参见右侧的清单）
- 铅笔
- 视觉化小组强化物（例如，小组目标/计分框和温度计）
- 每位学生需要一个大尺寸的三环活页夹，作为 UOT 课程笔记本（以下简称 UOT 笔记本）

– 本书已含材料：

- 第一课的 GWPDC
- 讲义：关于我的一切！
- 行为准则海报
- 课堂练习 1
- 家庭练习 1

锁定目标 灵活达成（第2版）
Unstuck and On Target!

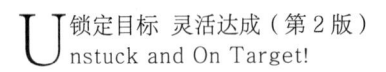

第一课

导入	复习
复习 GWPDC	3 分钟

活动所需材料

- 需自行准备：
  - 白板或记录纸
  - 普通记号笔（如果使用记录纸）或白板笔（如果使用白板和海报，请参见右侧的清单）

- 本书已含材料：
  - 第一课的 GWPDC

指导说明

在每节课开始前，将"目标—原因—计划—执行—检查"（GWPDC）贴在白板上。由于这是你的学生第一次见到 GWPDC，你需要进行简单说明。每次小组成员一起上课时，你都需要明确想要完成的任务或目标。"W"代表原因。知道为什么要实现这个目标对大家来说总是有用的。为了实现目标，你需要制订一个计划，并思考这个目标的重要性。一旦执行了计划，你总要回头检查计划是否奏效。这就是我们在"检查"阶段要做的事情。

由于第一次接触 GWPDC，我们选择一个目标或目标总积分（如 20 积分），学生将在小组任务中获得相应积分。这样设计是为了激励学生。请选定一个你认为学生能够达成的积分总数。至关重要的是，如果学生第一天就体验很好，并看到他们努力的好处，那么他们会建立起对该课程的认同感，并有动力继续在未来的课程中获得积分。

与小组一起复习 GWPDC。

建议

★ 在课程进行过程中，请逐一核对计划中的每个步骤。

★ 将 GWPDC 用语融入你的课堂中。（"哇，我们做任务真努力，离实现我们的目标越来越近了。""那是一个很棒的答案，绝对有助于我们实现目标。""记住，这个目标很重要，因为……""我很高兴我们方向正确，并按照我们的计划在推进。""我们下一步的计划是什么？""那场火灾演习是意外事件，我们很难完成计划中的所有步骤了。"）

★ 让学生保持参与度，让他们在完成时勾选计划中的相应步骤。

★ 如果学生偏离主题，让他们阅读目标，并询问当前的对话或活动是否有助于小组实现目标。

★ 为每个关键词使用不同的颜色（如"目标"用红色，"原因"用橙色，"计划"用蓝色，"执行"用绿色，"检查"用黑色）；在整个干预过程中保持一致。这种一致性将帮助学生更容易地确定他们需要专注的流程部分。

★ 选择一个你认为你的学生能够实现的目标积分总数。

目标（Goal）：认识小组成员，并获得 20 个积分。

原因（Why）：我们正在共同努力学习并赢得小组奖励。在小组中，你的行为会影响到你自己、其他人以及小组能否取得成功，我们的行为准则将帮助我们每个人对小组产生积极影响。我们需要知道如何赢得我们的奖励。如果我们彼此了解得更多一些，那么我们将更齐心协力，进而赢得我们的奖励！

计划（Plan）：

1. 创建行为准则。
2. 阅读讲义"关于我的一切！"。
3. 玩《谁了解谁？》游戏。
4. 复习家庭练习。
5. 检查。

执行（Do）：执行计划并获得积分。

检查（Check）：进展如何？我们实现目标了吗？哪一条行为准则是最容易遵守的？哪一条是最难遵守的？

主题 1：基础技能

第一课

活动 1　　　　　　　　　　　　　　　　　　　　🧑‍🤝‍🧑 小组头脑风暴
行为准则　　　　　　　　　　　　　　　　　　　🕐 10 分钟

活动所需材料

🛒 — 需自行准备：
- 白板或记录纸
- 普通记号笔（如果使用记录纸）或白板笔（如果使用白板和海报，请参见右侧的清单）
- 视觉化小组强化物

✂️ — 本书已含材料：
- 行为准则海报

行为准则海报示例

行为准则海报应放置在教室的前方，并展示给每个小组。在海报上预留一些空间，用于在干预过程中添加新的内容。请随意使用对你的学生有意义的语言和物品。

小组规则

1. 当他人发言时，请倾听。
2. 尊重他人的想法。
3. 遵循指示。

小组目标示例

使用记号笔和记录纸（或白板笔和白板）展示视觉化小组强化物。如"强化系统"章节所述，视觉化强化物应包括小组目标框 / 计分框和目标温度

035

计。每个小组开始做任务时，计分框都是空的。请随时进行修改以满足你的学生的需求（语言、兴趣等）。

221 教室的目标冲刺！

221 教室今日目标
20
日期：10 月 12 日

目标
100 积分 = 一个游戏日

在本节课中，学生将通过思考小组需要展示哪些行为才能取得成功，来共同制定行为准则的组成部分。学生还将有机会决定如何在填满小组目标温度计后庆祝胜利。在课程开始前，请帮助学生选择奖励的参数和结构（请参阅**强化系统**部分）。

> **强化！**
> 为每位学生的贡献计 1 个积分。
> "好建议！"

1. 行为准则——向学生解释，他们的行为会影响到自己、小组其他成员以及小组的整体成功。请学生思考他们应该做些什么来帮助其所在的小组成为一个成功的小组，例如举手、倾听他人的想法、尊重他人的观点——每个人都有自己的想法。使用白板笔在行为准则海报上记录他们的答案。强调当我们都遵守行为准则时，我们能够实现小组目标，更开心地一起度过小组时光，同时让其他人更愿意与我们相处。

建议

★ 如果让学生从头开始制定行为准则对他们来说太具挑战性，你可以提前准备好"准则"。然后，学生可以

主题 1：基础技能

> **强化！**
> 为展示行为准则中的目标行为计积分。
> "我喜欢你尊重他想法的样子！"

通过表演来展示如何遵守每一条准则。

★ 你提出引导性问题，或将问题与学生过去的体验联系起来，提供示例来引导学生回应并生成行为准则的内容条款。学生能从中受益。

★ 学生通常告诉你什么不应该做，如"不准喊叫"；帮助他们将回答转化为"要做什么"，如"举手发言"。

★ 为学生提供一份行为准则的副本，让他们带回家。大多数教师使用的最简单的方法是拍摄一张照片，然后打印出来，或使用学校的交流平台发送电子版。

2. 复习游戏——告诉学生将玩一个叫作《谁了解谁？》的游戏。告诉学生，他们将负责回答有关自己的一些问题，并与同学分享，如最喜欢的食物、放学后喜欢做什么等。让学生知道他们必须仔细倾听，因为老师和同学结束介绍后会有一个问答环节，看看谁还记得刚刚听到的信息。

当学生们已经知道了游戏怎么玩时，询问他们是否有任何想要添加到行为准则中的内容条款，以帮助游戏顺利进行。

3. 强化——在白板上画一个框，并标记为"小组目标"。（在后续的课程中，小组可能会想为计分框取一个独特的名字。）这是小组的强化物计分框。每当一个学生展现出行为准则中的良好行为，或者做了你想要奖励的事情时，就在框里标记 1 积分。在每个小组开始完成任务前，告诉学生这次要尝试为小组获得多少积分。告诉学生，每天我们都会将总积分加到小组的温度计上，当达到 100 积分或者定好的合适积分时，我们将举行一次庆典或共享小组奖品。

4.以小组为单位决定想要什么奖品。第一次可能需要教师帮忙提供2到3个选择，并让小组成员投票表决。我们希望这能鼓励所有学生（请参阅**强化系统**部分）。在温度计上方写下具体奖励。这将作为持续的提醒和鼓励。

建议

★ 开放式的选择会很困难。选择一个主题，如零食、视频，然后让学生在该主题范围内提出建议。

★ 如果你的学生在投票表决时存在困难，可以要求他们协商选择一个项目，并让每个学生在其中做选择。例如，视频——每个学生可以选择观看1个恰当的短视频片段；零食——每个人可以为混合坚果选择1种配料；作业豁免券——每个学生可以选择他们将在哪节课上使用作业豁免券。也可以创建一个奖励菜单，每个学生都可以从中选择一项。

★ 每节课至少给出10~20积分。

第一课

活动 2
谁了解谁？

⭐ 问卷 & 游戏
🕐 15 分钟

活动所需材料

🛒 **— 需自行准备：**
- 铅笔（学生每人一支）

✂️ **— 本书已含材料：**
- 讲义：关于我的一切！

指导说明

> **强化！**
> 为完成作业、表达清晰、良好地倾听和努力回答问题的表现加分。
> "因为你一直盯着说话的人，我知道你在倾听。"

学生和教师将填写关于自己的调查问卷。他们将使用这些信息来玩《谁了解谁？》的游戏。

1. 分发"关于我的一切！"的调查问卷。要求学生回答上面的问题。教师也需要花点时间填写这份问卷。

2. 在学生完成问卷后，让他们在教室里四处走动并说出他们填写的答案。提醒小组成员要认真倾听，因为在之后的游戏中将用到这些信息。

3. 一旦学生分享完了他们的答案，就将问卷收集起来。告诉学生他们将合作回答关于其他同学的问题。四处走动到每个学生跟前，根据问卷上的信息提出一个问题，如"这位学生最爱的食物是墨西哥菜吗？"。学生有机会直接回答，或者利用求助机会，选择另一位同学帮忙。鼓励学生尽最大努力，齐心协力赢得积分，并达成小组目标。

4. 继续游戏，直到所有学生至少轮流回答两次问题或达到他们的目标为止。

建议

★ 鉴于教师尚在了解学生的书写能力，可以让学生搭档合作，以避免出现必须填写问卷的情况。学生可以组成搭档，并互相采访。如果学生想不出要问的问题，教师可以在白板上写出建议，或者口头指导他们进行采访。为搭档之间互相了解分配充裕的时间，之后要求学生轮流向其他同学介绍自己的搭档。一旦所有学生都完成了介绍，搭档们就可以一起努力回答有关其他同学的问题了。

主题 1：基础技能

主题 1 **第一课　讲义**

关于我的一切！

姓名：_____　　日期：_____

我最爱的食物是：

_____

我最爱的电视节目是：

_____

我最爱的动物是：

_____

放学后我喜欢做：

_____

_____

_____

_____

第一课

结束
课堂练习和家庭练习

⭐ 总结
🕐 5 分钟

活动所需材料

🛒 — 需自行准备：

- 铅笔（学生每人一支）
- 视觉化小组强化物
- 每个学生的 UOT 笔记本

✂ — 本书已含材料：

- 课堂练习 1
- 家庭练习 1

指导说明

学生将复习家庭练习，并完成"目标—原因—计划—执行—检查"（GWPDC）中的检查部分。

1. 分发家庭练习表。大声朗读目标。请学生考虑谁将与他们一起完成家庭练习。让学生知道，下次上课时，带来完成好的家庭练习表的学生将获得 1 积分。

这项家庭练习主要关注行为准则。学生在带它回家之前应先在家庭练习表上写下所有行为准则。如果对你的学生来说，书写十分费力或非常有挑战性，可以让他们为每一条行为准则写上一个关键词，或者由你代为填写。

建议

★ 建立一个与家庭练习一致的例行程序，以支持学生（例如，复习家庭练习，监督所有学生将表格放入他们的家庭作业文件夹中，监督所有学生将作业内容记录在家庭作业计划本上）。

2. 引导学生将本次课程的所有作业资料归档到他们的 UOT 笔记本中。

3. 对着全班大声朗读第一课的目标（来自 GWPDC）。询问学生是否能够实

主题 1：基础技能

现目标。请学生指出是什么帮助他们实现了目标。

建议

★ 在最初的几节课中，请确保学生能够实现目标，使他们感受到成功，并理解如何获得积分。

4. 复习计划。询问学生是否能够执行计划。有无法完成的步骤吗？是否需要修改计划？

建议

★ 有时计划必须进行修改。如果意料外的消防演习或一次很棒的讨论花费了太长时间，你就必须修改计划。愉快地接受这些变化，并让学生知道，即使发生了**意料外**的情况，他们依然灵活地制订了新计划。未来的课程中将更详细地教授这个概念。

5. 提醒学生，他们正在为获得一个小组的大奖励而努力。每天你会将他们的积分累加到积分库里。当他们累到_____积分时，他们将获得一次小组庆典或一份奖品。

建议

★ 事先确定奖品或奖品选项。更多建议请参阅**问题排查**部分。

★ 在确定学生需要获得多少积分时，请考虑他们每天能获得多少积分（不少于 10 积分），以及他们能够等待奖励并保持动机的时长（不超过 3 周）。

★ 在教室前方张贴展示积分库，这样就能不断地提醒学生他们有多接近目标（如一个目标温度计）。

★ 在你向学生反馈其成就和小组目标的完成进度时，不妨表现得开心、傻气和热情。

★ 如果学生所在的小组面临挑战，思考在未来的小组中可能会有哪些不同的做法，以便取得更大的成功。

6. 向所有与学生互动并能支持他们学习新技能的教师分发课堂练习讲义，这对学生来说可能大有帮助。

043

第一课

课堂练习1

亲爱的老师们：

　　你的学生_____，今天参加了 *UOT* 的第一次小组课。*UOT* 将教导你的学生变得更加灵活，并学会设定目标和制订计划。我们本学年几乎每周都会安排上课。我们将在小组中愉快地玩耍并学习新技能。

　　你的学生将需要你额外的帮助才能运用这些技能。每周我们上课时，你将收到一份类似于这样的课堂练习讲义（但更简短），以便你可以帮助你的学生在课堂上运用 *UOT* 的词汇和技能。如果你将此课堂练习视为有趣且积极的活动，那么这对学生会很有帮助。

　　我真的很期待本学年与你和你的学生一起合作。如果你有任何问题，请随时告诉我。

　　祝好！

_____

小组负责人

电话：_____

电子邮件：_____

总结：学生们刚刚创建了小组的行为准则，他们玩了一个相互了解的游戏。学生们正在齐心协力赢得一个小组奖励。

为了支持你的学生学习和泛化，你可以：

1. 请你的学生向你描述他或所在的小组的情况。
2. 帮助你的学生体验作为小组成员的成功。你可以通过将他们的行为与个人及小组的成功联系起来，来帮助他们掌握参与团队合作的能力。你越多地使用这种语言与学生交流，他们就越能在课堂上的各种团队情境中作出贡献。

例如：

（1）"谢谢你尊重他人的想法。当你尊重他人的想法时，你们的友谊更加深厚了。"

（2）"谢谢你今天和我们一起为目标努力！"

（3）"当你们每个人都像这样保持安静时，我们就取得了很大的进步。谢谢大家！"

（4）"你很好地遵循了指示！"

你可能已经在采取符合行为准则的措施，但如果你考虑更多地采取类似的措施，请查看下一页。

第一课

主题 1

课堂练习 1

4 个步骤创建课堂行为准则

步骤 1：创建你的课堂行为准则。保持用语简单。你可以让学生参与行为准则的制定。以下是一个示例：

> **小组行为准则**
>
> 1. 当他人发言时，请倾听。
> 2. 尊重他人的想法。
> 3. 遵循指示。

步骤 2：在所有人可以轻易看到的地方展示行为准则。

步骤 3：使用你的日常语言来赞扬学生的努力，并鼓励他们继续遵守行为准则。

步骤 4：通过设定一个班级目标来奖励期望的行为。这个奖励可以是一个特别的活动或事件，它可以激励你的学生遵守行为准则。在行为准则旁边展示奖励表和每日积分更新。以下是示例：

221 教室的目标冲刺！

> **221 教室今日目标**
> **20**
> 𝍤𝍤 𝍤𝍤
> 日期：10 月 12 日

> **目标**
> **100 积分 = 一个游戏日**

主题1：基础技能

第一课

课堂练习1

UOT关键脚本和图标

目标—原因—计划—执行—检查（GWPDC）
当你看到这个图标时，你要明白这是一个帮助学生将多步骤活动分解为更小、更易管理的任务，从而顺利完成活动的好机会！

灵活性
当你看到这个图标时，你要明白这是一个帮助学生认识到灵活应对挑战或意外情境的好处的好机会！

困境
当你看到这个图标时，你要明白这是一个帮助学生认识到他们在某件事上"陷入了困境"并想办法"摆脱困境"的好机会！

计划A→计划B
当你看到这个图标时，你要明白这是一个帮助学生认识到，如果他们的第一个计划（A计划）不起作用，还有其他选项（B、C、D计划等）可以选择的好机会！

有选择/无选择
当你看到这个图标时，你要明白这是一个帮助学生识别什么是他们有能力改变的事情，而什么是他们无能为力的事情的好机会！

大事/小事
当你看到这个图标时，你要明白这是一个帮助学生学会区分重要与不重要的事情的好机会！

协商
当你看到这个图标时，你要明白这是一个帮助学生学习与他人协商的策略，使双方都能折中满足需求的好机会！

核心目标
当你看到这个图标时，你要明白这是一个帮助学生确定他们的目标，以及实现这些目标所需的步骤的好机会！

047

第一课

家庭练习 1

亲爱的家长们：

  你的孩子今天参加了 *UOT* 课程中的第一次小组课。*UOT* 将教导你的孩子变得更加灵活，并学会设定目标和制订计划。我们本学年几乎每周都会安排上课。我们将在小组中愉快地玩耍并学习新技能。你的孩子将需要你额外的帮助才能在家里运用这些技能。每周我们上课时，你将收到一份类似于这样的家庭练习表，以便你可以帮助你的孩子在家里使用 *UOT* 的词汇和技能。如果你将此家庭练习视为有趣且积极的活动，这将对孩子很有帮助。

  我真的很期待本学年与你和你的孩子一起合作。如果你有任何问题，请随时告诉我。

  祝好！

你孩子的小组负责人

电话：_____

电子邮件：_____

今日小组总结：你的孩子学习到他的行为会影响自己、其他小组成员以及小组取得成功。今天，你的孩子参与制定了一项行为准则，旨在促进积极的影响。然后，小组玩了一个相互了解的游戏。整个小组正齐心协力赢得一个奖励。

在家中，你可以：

1. 请你的孩子向你描述他或所在的小组的情况。

- 你的孩子能记住小组成员的名字吗？
- 成员之间喜欢什么或有什么共同点吗？
- 他们是否希望在课外见到小组成员呢？

2. 帮助你的孩子练习良好行为，并将良好行为与对自己和他人的积极影响联系起来。

- 例如，对你的孩子说：
  - "谢谢你的倾听。你的倾听能帮助我们更快地完工。"
  - "你真的很努力！"
  - "你很好地遵循了指示！"

3. 在家中张贴有主要词汇的附件表格，以作提醒。

锁定目标 灵活达成（第2版）
Unstuck and On Target!

第一课

主题 1 TOPIC

家庭练习 1

UOT 关键脚本和图标

目标—原因—计划—执行—检查（GWPDC）
当你看到这个图标时，你要明白这是一个帮助学生将多步骤活动分解为更小、更易管理的任务，从而顺利完成活动的好机会！

灵活性
当你看到这个图标时，你要明白这是一个帮助学生认识到灵活应对挑战或意外情境的好处的好机会！

困境
当你看到这个图标时，你要明白这是一个帮助学生认识到他们在某件事上"陷入了困境"并想办法"摆脱困境"的好机会！

计划 A → 计划 B
当你看到这个图标时，你要明白这是一个帮助学生认识到，如果他们的第一个计划（A 计划）不起作用，还有其他选项（B、C、D 计划等）可以选择的好机会！

有选择 / 无选择
当你看到这个图标时，你要明白这是一个帮助学生识别什么是他们有能力改变的事情，而什么是他们无能为力的事情的好机会！

大事 / 小事
当你看到这个图标时，你要明白这是一个帮助学生学会区分重要与不重要的事情的好机会！

协商
当你看到这个图标时，你要明白这是一个帮助学生学习与他人协商的策略，使双方都能折中满足需求的好机会！

核心目标
当你看到这个图标时，你要明白这是一个帮助学生确定他们的目标，以及实现这些目标所需的步骤的好机会！

第二课 "目标—原因—计划—执行—检查"（GWPDC）

目标

向学生介绍"目标—原因—计划—执行—检查"（GWPDC）的结构和用语。他们将练习如何遵循流程来创建他们自己的GWPDC。本节课包含两项活动。

活动所需材料

– 需自行准备：
- 3张小纸片（分别标识数字1、2、3）
- 胶带
- 彩色的记号笔或白板笔
- 饮水机
- 铅笔
- 视觉化小组强化物
- 每个学生的 UOT 笔记本

– 本书已含材料：
- 第二课的 GWPDC
- 快问快答的问题
- 讲义：搞笑的 GWPDC
- 课堂练习2
- 家庭练习2

第二课

导入	复习 & 游戏
复习 GWPDC 和快问快答	5 分钟

活动所需材料

— 需自行准备：

- 白板或记录纸和合适的记号笔
- 3 张小纸片（分别标识数字 1、2、3）
- 胶带

— 本书已含材料：

- 第二课的 GWPDC
- 快问快答的问题

指导说明

1. 在课程开始前，将 GWPDC 张贴在白板上。
2. 与小组一起复习 GWPDC。
3. 完成快问快答活动。

每节课一开始，学生将进行一轮快问快答活动。这个活动有多个目的，如通过让学生回答与上节课内容有关的问题，教师可以了解学生记住了哪些信息，以及哪些概念他们仍然理解不清。当提及之前教授的概念时，学生能够激活他们先前学到的相关知识，而有趣且富有吸引力的游戏形式则能促使他们充分参与。此外，由于每节课都以快问快答活动作为开端，这一活动为课堂提供了一个可预测的常规流程和稳定的结构。

设置：在黑板上写下三个问题，并用写有"1""2"或"3"字样的纸片覆盖住各个问题。数字表示学生正确

强化！
记忆能力。
"上次小组活动中的内容你记得真清楚，我感受到你真的很用心听课了。"

回答问题将获得的相应的积分。学生选择一个问题，"我要回答 3 积分的问题"，然后他大声朗读问题。学生可以自己回答问题，或请求同学帮忙。如果回答正确，则在其所在小组的目标计分框里记下相应的积分。

建议

★ 在开始快问快答活动前，教师可以引导学生："如果你在家给大人展示了家庭练习，请举手。"每个举手的学生将为小组赢得 1 积分。

★ 如果你希望每个学生每天都能回答一个问题，那么可以提供更多问题。

★ 这项活动应该非常简短，不超过 5 分钟。

★ 奖励学生一起努力回答问题的良好行为。

★ 如果学生因未被优先叫起来回答问题而感到苦恼，可以采用随机方式——将每个学生的名字写在小木棒上并放入罐子里。随机抽取一根，再点该小木棒上所写名字对应的学生的名字。

目标（Goal）：学习并练习"目标—原因—计划—执行—检查"（GWPDC），并获得 20 积分。

原因（Why）：学习如何实现目标可以帮助我们得偿所愿，获得积分可以帮助我们赢得小组奖励。

计划（Plan）：

1. 快问快答。
2. 练习 GWPDC。
3. 写下你自己的 GWPDC。
4. 复习家庭练习。

执行（Do）：执行计划并获得积分。

检查（Check）：进展如何？我们达成目标了吗？哪项行为准则最容易遵守？哪项最难遵守？

快问快答的问题

1. 说出行为准则中的一项。
2. 为什么我们小组里的学生可以获得积分？
3. 当小组成员遵守行为准则时会发生什么？

别忘了在 GWPDC 上勾选完成这个步骤！

第二课

活动 1
介绍 GWPDC

⭐ 活动
🕐 10 分钟

活动所需材料

🛒 – 需自行准备：
- 白板或记录纸以及合适的记号笔
- 饮水机

指导说明

1. 在白板上写下目标、原因、计划、执行、检查这 5 个词，并使用与课程中 GWPDC 相同的颜色标注。

2. 一开始就告诉学生目标有不同的种类。在体育比赛中，你可以进球得分，但在这节课上我们讨论的是另一种目标。

3. 告诉学生，他们可能没有意识到自己在一天中设定了多少目标，并制订了各种计划来帮助实现这些目标。无论他们是否意识到这一点，他们都会不断检查这些计划，并评估它们是否帮助自己实现了目标。接下来，可以分享一个实例来帮助学生更好地理解这一过程（可以根据学生的需求或兴趣调整实例）。

示例：你准备去操场，迫不及待要开心玩耍——玩得开心就是你的目标。你想到足球很有趣，所以计划去踢足球。当你到操场时，已经有人开始踢球了。于是你意识到原来的计划行不通，所以你决定去玩秋千。课间结束回来上课的路上，你检查或者思考了一下，觉得很开心。你实现了你的目标。

> **强化！**
> 尝试识别目标、原因、计划、执行、检查的相关描述。

4. 大声朗读以下 5 个定义，并请学生大声说出与定义对应的是目标、原因、计划、执行还是检查。

- 你想做什么或完成什么？（目标）
- 这个目标为什么重要？（原因）
- 你会怎么做？（计划）
- 尝试实施你的计划。（执行）
- 停下来想一想，我的计划有效吗？我需要一个不同的计划吗？（检查）

5. 告诉学生你很渴，非常需要喝水。请他们写一个 GWPDC 来帮你实现喝水的目标。**如果没有饮水机，你可能需要修改这个活动的细节。**

目标（G）：去饮水机那喝水。

原因（W）：我很渴，而且我喜欢喝水。

计划（P）：

（1）站起来

（2）走到门口

（3）打开门

（4）沿着走廊走过 4 个教室

（5）左转并站在饮水机前

（6）按下按钮

（7）低下头喝水

执行（D）：按照计划执行。

检查（C）：进展如何？我需要一个不同的计划吗？

主题 1：基础技能

如果时间允许，让学生看着你执行计划，或者让每个学生试着执行计划。完成计划后，检查并反思计划的执行情况。

*备选项：将活动 1 和活动 2 结合起来。与其让学生自己想出一个搞笑的方式去饮水机喝水，不如将其作为活动 1 的一部分，全班一起制订一个"有趣"的 B 计划，用于去饮水机那喝水。

记得在 GWPDC 上勾选完成这个步骤！

057

锁定目标 灵活达成（第2版）
Unstuck and On Target!

第二课

活动 2
搞笑的 GWPDC

活动
🕙 10 分钟

活动所需材料

— 需自行准备：
- 白板或记录纸和适合的记号笔
- 饮水机

— 本书已含材料：
- 讲义：搞笑的 GWPDC

指导说明

1. 给每个学生分发"搞笑的目标—原因—计划—执行—检查（GWPDC）"的讲义。

2. 请学生制订一个自己去饮水机那喝水的计划。让他们知道在注意安全的前提下，计划可以尽情搞笑。提醒他们，虽然可以搞笑，但游戏的目的是实现目标。确保设定好限制条件，使学生无法尝试任何不安全的选项（例如快跑、跳到家具上等）。随时根据学生的需求调整任务（如选择一个让他们留在教室里完成的任务）。

3. 学生在作业纸上填写他们如何去饮水机处并实现喝水目标的计划，比如跳跃、爬行、倒退走等。

示例：

目标（G）：到饮水机那喝水。

原因（W）：我很渴。

计划（P）：

（1）站起来

（2）跳到门口

（3）打开门

（4）四肢着地爬过走廊，经过4间教室

（5）转3圈并站在饮水机前

（6）按下按钮

（7）低头喝水

执行（D）：按照计划执行。

检查（C）：进展如何？我需要一个不同的计划吗？

> **强化！**
> 保持安全，并在"检查"阶段诚实反思——计划执行得如何。

4. 给每个学生一次机会尝试执行自己的计划。

5. 当每个学生尝试执行自己的计划后，教师检查情况如何。他们实现目标了吗？他们想要一个新计划吗？

建议

★ 一些计划可能会花费太多时间或太累人，所以愉快接受需要不同计划的情况。我们将在后续课程中关注B计划的制订。

★ 如果教师希望将GWPDC作为一个小组活动进行，可以建议学生将教师想象成一个机器人，学生需要提供明确的指令，让"机器人"去饮水机那喝水。由于教师必须严格按照学生的指令行动，学生可以集思广益，尝试不同的方法来实现目标，并享受因"机器人"必须遵循指令而产生的搞笑场景。活动结束后，学生可以反思小组计划是否和个人计划一样，是实现目标的最佳方式。

第二课　讲义

主题 1

搞笑的 GWPDC

GWPDC	
目标 (G)	
原因 (W)	
计划 (P)	
执行 (D)	
检查 (C)	我完成我的目标了吗? 进展如何? 　　　1　　　　　2　　　　　3　　　　　4　　　　　5 　完成得不太好　　　　　有一部分还不错　　　　　完成得很好

第二课

结束　　　　　　　　　　　　　　　　　　　　　☆ 总结
课堂练习和家庭练习　　　　　　　　　　　🕐 5 分钟

活动所需材料

🛒 – 需自行准备：
- 铅笔（学生每人一支）
- 视觉化小组强化物
- 每个学生的 *UOT* 笔记本

✂ – 本书已含材料：
- 课堂练习 2
- 家庭练习 2

指导说明

学生将复习家庭练习，并完成"目标—原因—计划—执行—检查"（GWPDC）的检查部分。

1. 分发家庭练习表。大声朗读目标。询问学生他们将和谁一起完成家庭练习。让学生知道，下次上课时，带来完成好的家庭练习表的学生将获得 1 积分。这项家庭练习的重点是 GWPDC。

建议

★ 遵循一致的流程复习和完成家庭练习。例如，复习家庭练习，监督所有学生将表格放入他们的家庭作业文件夹中，监督所有学生将作业内容记录在他们的家庭作业计划本上。

2. 引导学生将本次课程的所有作业资料归档到他们的 *UOT* 笔记本中。

3. 大声朗读第二课的目标。询问学生是否能够实现目标。询问学生是什么帮助他们实现了目标。

建议

★ 在最初的几节课中，请确保学生能够实现目标，使他们感受到成功，并理解如何获得积分。

4. 复习计划。询问学生是否能够执行计划。有没有无法完成的步骤？是否需要修改计划？

建议

★ 有时计划必须进行修改。如果意料外的消防演习或一次很棒的讨论花费了太长时间，你就必须修改计划。愉快地接受这些变化，并让学生知道，即使发生了**意料外**的情况，他们依然灵活地制订了新计划。未来的课程中将更详细地教授这个概念。

5. 提醒学生，他们正在为获得一个小组的大奖励而努力。每天你会将他们的积分累加到积分库里。当他们累到＿＿＿积分时，他们将获得一次小组庆典或一份奖品。

建议

★ 事先确定奖品或奖品选项。更多建议请参阅**问题排查**部分。

★ 在确定学生需要获得多少积分时，请考虑他们每天能获得多少积分（不少于10积分），以及他们能够等待奖励并保持动机的时长（不超过3周）。

★ 在教室前方张贴展示积分库，这样就能不断地提醒学生他们有多接近目标（如一个目标温度计）。

6. 向所有与学生互动并能支持他们学习新技能的教师分发课堂练习讲义，这对学生来说可能大有帮助。

第二课

课堂练习2

课堂总结： 今天学生学习了设定目标和制订计划。他们使用一个称为"目标—原因—计划—执行—检查"（GWPDC）的简单脚本。许多教师在课堂上使用这一脚本来帮助学生提高构成执行功能的能力。

为了支持你的学生学习和泛化，你可以：

1. 在你的课程中融合使用"目标—原因—计划—执行—检查"（GWPDC）语言。

- "哇，我们真的很努力，越来越接近**目标**了。"
- "今天**我们要**学习这个内容的**原因**是什么？"
- "我很高兴我们进展顺利。我们下一步的**计划**是什么？"
- "让我们**检查**一下进度。"

2. 你可能已经在执行类似的每日计划，若你想在学业课程中尝试使用GWPDC，以下是一个示例：

目标（G）： 练习并掌握数学知识。

原因（W）： 一旦掌握了一些数学知识，做数学题就会变得简单。

计划（P）：

（1）完成2分钟的计时测试。

（2）将你的答案与参考答案进行比对。

（3）在图表上记录你答对了多少题。

执行（D）： 按照计划执行。

检查（C）： 检查计时测试的结果。进展如何？我这次答对的题数比上次多了吗？如果进步不明显，我是否需要调整计划？例如，通过网上的数学游戏、闪卡和计时家庭作业来增加练习量。

第二课

家庭练习 2

你的孩子今天参加了 *UOT* 课程中的第二次小组课。

课堂总结：你的孩子学习了如何设定目标和制订计划。他们学会了使用一个简单的流程，称为"目标—原因—计划—执行—检查"（GWPDC）。你的孩子将在第十五课中再次接触这个主题。

以下是 GWPDC 在家中的使用示例：

目标（G）：本周末全家一起吃饭。

原因（W）：我们饿了，而且偶尔一起聊聊天也很开心。

计划（P）：

  1. 找一个合适的时间。

  2. 确定我们想吃什么，冰箱里有什么。

  3. 有个人摆餐具。

  4. 有个人烹饪。

  5. 有个人整理收拾。

执行（D）：按照计划执行。（让我们开饭吧！）

检查（C）：进展如何？我们需要一个不同的计划吗？

在家中，你可以：

给孩子做示范，帮助孩子学习如何设定目标和制订计划。大声朗读你的计划和目标。

- 例如：
- "我的**目标**是让我们准时到达_____。"（教堂/学校/训练场/奶奶家）
    - "好吧，这不是**我计划的样子**。"
    - "我的**目标**是参加今年的返校之夜。我**计划**提早下班。"
    - "我今晚去超市的**计划**仍然可行。"

主题1：基础技能

第三课　情绪识别

目标

如果学生能够识别他们所感受到的情绪及其强度，他们就能更好地选择下一步该做什么。本课的设计基于"学生的行为会影响自己和他人"这一概念。通过对本课的学习，他们将加深对社会及社交关系相互影响的理解。此外，这种理解有助于培养并鼓励学生使用积极、主动的情绪调节策略。为此，第三课设计了3个活动来帮助每个学生习得相应的技能。本课结束时，学生将拓展他们对各种情绪的理解，并掌握更多关于情绪状态的词汇。

活动所需材料

－需自行准备：
- 白板或记录纸
- 3张小纸片（分别标识数字1、2、3）
- 胶带
- 彩色的记号笔或白板笔
- 铅笔
- 视觉化小组强化物
- 每个学生的 *UOT* 笔记本

－本书已含材料：
- 第三课的 GWPDC
- 快问快答的问题
- 课堂资料：情绪目标卡
- 视觉化资料：情绪链情境
- 讲义：空白情绪链
- 课堂练习3
- 家庭练习3

> **重要说明：**
>
> 1. 本课与第四课共同为学生理解社会互动的复杂性奠定了初步基础，并进一步深化了"你的行为会影响自己和他人"这一基本理念。通过对第三课和第四课基础概念的拓展，教师可以帮助学生更好地理解这

些概念的复杂性。在此过程中，教师应持续使用情绪目标词汇、清晰地解释隐含信息（如与社会性交换和情感相关的动态内容），并运用情绪链等工具。

2. 此外，由于我们讨论的是社会性交换，课程内容需要涵盖学生在干预课程内外可能遇到的社交伙伴和小组成员。如果忽略这一点，课程的内容和效果可能会有所缺失。

有时，其他孩子对患有孤独症谱系障碍的孩子容忍度较低，因后者常常表现出与社会期望截然不同的行为。为了提高学生对神经多样性的接受度，教师可以通过关注所有学生的优点，在课堂和学校中培养他们对不同社交风格和思维风格的包容态度。教师可以强调多样性的优势，例如每个人都有不同的大脑、不同的优点、不同的做事方式，也会面临不同的挑战。就像我们为使用轮椅的学生创建无障碍的物理环境一样，我们也可以通过增强学校文化中对社交期望的灵活性，来营造一个更加包容和支持的环境。

3. 一些学生可能是第一次直接将自己的行为、后果以及他人对此的感受联系起来，而你可能是第一个听到他们在学校或家中经历的人。如果学生报告自己遭受霸凌，教师需要及时、积极地回应，这对学生来说至关重要。如果有学生报告遭受身体虐待，请立即按照学校的报告流程上报该事件。在这两种情况下，让学生明白遭受他人霸凌或虐待并非他们的过错非常关键。同时，利用学校的可用资源（如学校辅导员或心理学家）来支持学生也是非常必要的。

主题 1：基础技能

第三课

导入
复习 GWPDC 和快问快答

⭐ 复习 & 游戏
⏱ 5 分钟

活动所需材料

🛒 — 需自行准备：
- 白板或记录纸
- 3 张小纸片（分别标识数字 1、2、3）
- 胶带

✂ — 本书已含材料：
- 第三课的 GWPDC
- 快问快答的问题

指导说明

1. 在开始上课前，将 GWPDC 写在白板上。
2. 与小组一起复习 GWPDC。
3. 完成快问快答活动。

* 完整的操作说明和技巧请参考 GWPDC 和快问快答活动的指导说明（主题 1 第二课）。

> 强化……
> 参与度。
> "举手的同学非常棒。我能看出你已经准备好玩游戏了。"

> **目标（Goal）**：识别我们拥有的各种不同情绪，并思考当感受到这些情绪时，我们是如何反应的。
>
> **原因（Why）**：我在一天中会有多种不同的感受。根据我的感受，我可能会有不同的反应。我的行为会影响自己和他人，并且也会影响他人对我的感受和回应。我可以控制自己的反应，并对我的朋友、老师、父母和其他人产生积极的影响。我也可以控制我的反应，从而影响我可以拥有的选择以及他人对我的感受。

067

计划（Plan）：

1. 快问快答。

2. 情绪目标。

3. 玩《我感觉怎么样？》的游戏。

4. 建立情感链。

5. 复习家庭练习。

执行（Do）：执行计划并获得积分。

检查（Check）：进展如何？我们完成计划了吗？看一下情绪目标——此刻你感觉如何？

快问快答的问题

1. 当我们决定我们想做什么或想完成什么时，我们称之为＿＿＿＿。（目标）

2. 当我们决定如何完成我们的目标时，这被称为＿＿＿＿。（计划）

3. 在课堂上，我可以通过哪 3 种方式获得积分？

别忘了在 GWPDC 上勾选完成这个步骤！

主题 1：基础技能

第三课

活动 1
情绪目标

⭐ 活动
🕐 10 分钟

活动所需材料

🛒 — 需自行准备：
- 胶带

✂️ — 本书已含材料：
- 视觉化资料：情绪目标海报
- 课堂资料：情绪目标卡

指导说明

设置：将情绪目标海报贴在教室前方。在整个干预过程中持续展示这张海报。

1. 向学生介绍情绪目标海报。问他们以前是否玩过飞镖游戏，告诉他们游戏的目的是击中靶心。情绪目标的靶心意味着"刚刚好"或"正中目标"。请学生思考当他们感觉"刚刚好"时可以做些什么，如完成学校作业、与朋友玩耍。他们会用哪些词来描述自己感觉"刚刚好"或"正中目标"时的状态，比如快乐、冷静、酷炫、感觉良好？

2. 请学生观察每个级别的情绪所对应的面部表情。当你的心情离"刚刚好"或"击中目标"越来越远时，会发生什么？你能想出一些词来描述那时候你的感受吗，如生气、愤怒、紧张、平淡、焦虑？

3. 将情绪目标卡平均分发给每位学生。教师可以自己保留一些卡片，并演示如何用胶带将卡片贴在情绪目

> **强化……**
> 为参与而加分。
> "非常好的建议，我认为____描述了一种____级别的情绪。"

069

标海报上的相应级别位置，以此来展示卡片上的情绪属于哪个级别。让每个学生轮流将他们的卡片贴在情绪目标海报上相应的级别位置，或使用白板笔在情绪目标的每个级别位置上写下相应的情绪词汇。同时，鼓励学生想出更多的情绪词汇，来描述他们在每个级别可能体验到的感受。例如：级别 1=冷静、快乐、刚刚好、击中目标、感觉良好；级别 2=还行、不错、感觉很好、平淡；级别 3=紧张、烦躁、暴躁；级别 4=愤怒、害怕、沮丧、焦虑；级别 5=崩溃、失控、狂怒、非常沮丧、非常焦虑。如果学生更喜欢使用其他词汇，你可以将这些词写在卡片背面。

4. 活动结束后，你将小组生成的词汇保留在情绪目标海报上。在接下来的整个干预过程中，这张已完成的情绪目标海报将持续张贴以作提醒。

> *鼓励授课教师在这一天中持续使用情绪目标，如为某件事做准备、某件事结束后做总结、分析文学作品等。

第三课　视觉化资料

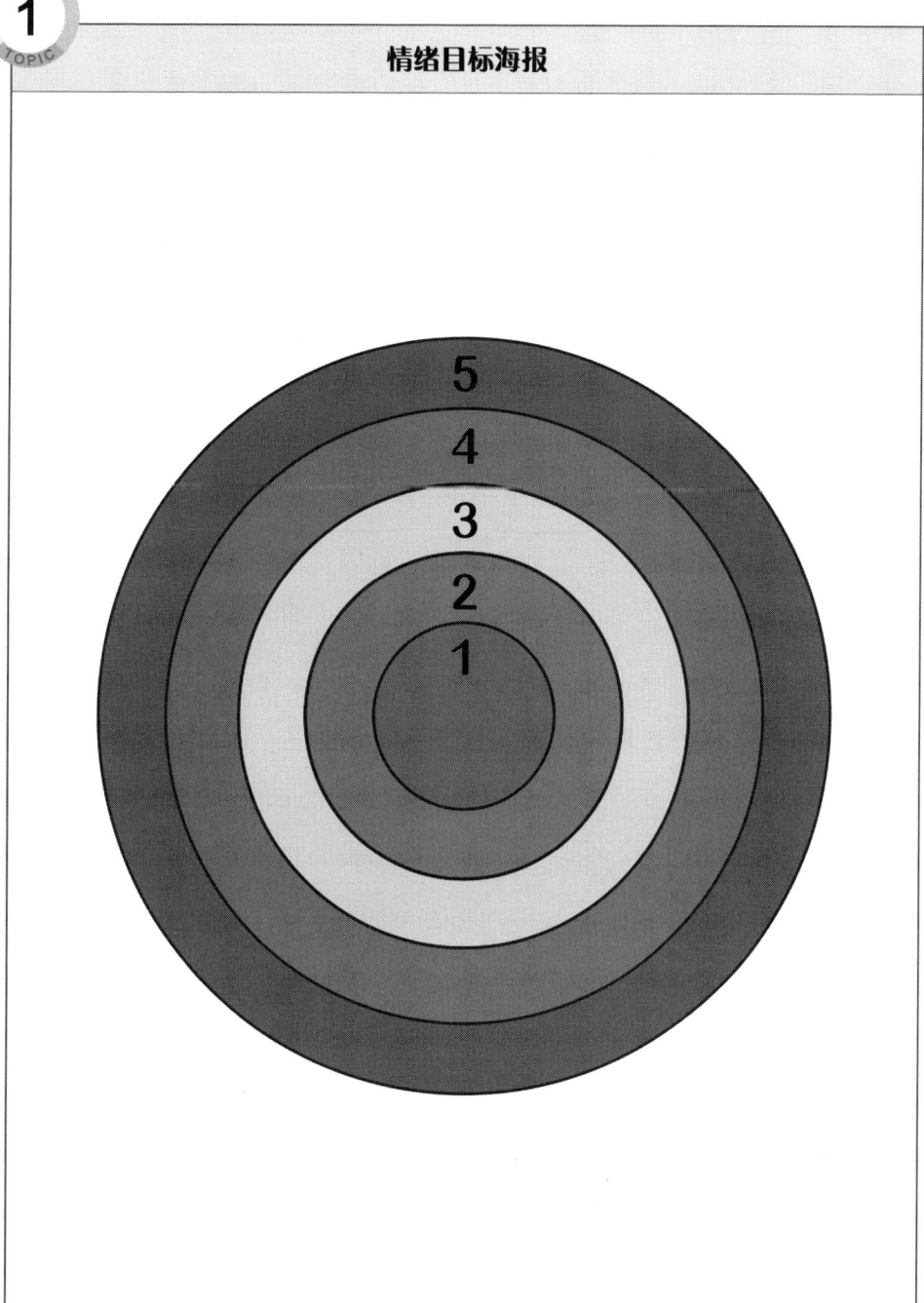

情绪目标海报

5
4
3
2
1

第三课　课堂资料

情绪目标卡

快乐	冷静	还行
不错	烦躁	紧张
愤怒	害怕	崩溃
失控	兴奋	尴尬 失望

主题 1：基础技能

第三课

活动 2
它让我感觉如何？

⭐ 活动
🕐 5 分钟

活动所需材料

🛒 — 需自行准备：
- 白板或记录纸和合适的记号笔

✂️ — 本书已含材料：
- 已完成的情绪目标海报

指导说明

设置：将学生在活动 1 中完成的情绪目标张贴出来，确保所有学生都能看到。

1. 给学生朗读一系列情境，并请他们评估这些情境在情绪目标上处于哪个级别。提醒学生，级别 1 代表"刚刚好"，在图上离中心越往外，情绪就越极端。鼓励学生表达当他们经历这种情绪时的行为、表情和感受。例如，"当我的电脑死机时，我感到非常沮丧，我皱着眉头大喊大叫，有时候我紧张到肚子痛"。试着鼓励学生表达多种不同的情绪反应，如担心、兴奋、快乐、平静、兴高采烈、焦虑、生气、有点难过等。对每种情绪的表达都没有正确答案，学生们可以有不同的看法。使用你自己的经历来解释某个情绪词语可能会对学生有所帮助。你可以描述一个具体事件，分享你当时的情绪体验、身体的感受以及外在表现。此外，你也可以借助学生最近读过的书或流行电影中的情节作为例子。使用白板或记录纸来视觉化强调小组提出的重要见解。

> **强化！**
> 强调并强化学生分享自己想法的行为，并欢迎他们有不同的想法。"去游乐园对某些人来说可能让他们感觉是级别 1，对其他人来说可能是级别 5。我们都会经历不同的情绪。"

情境：

- 我发现今年剩下的时间里将不再有课间休息了。
- 我听说今天下课时会有一个冰淇淋派对。
- 我刚刚听说今天食堂会供应我喜欢的午餐。
- 我把作业弄丢了。
- 我的朋友要来我家过夜。
- 手机坏了。
- 我在数学考试中得了 A。
- 我把铅笔弄丢了。
- 我妈妈给我带了我最喜欢的午餐。
- 这周我没有作业。
- 我的狗死掉了。
- 我刚知道我们明天要去游乐园（迪士尼乐园、环球影城等）。

第三课

活动 3

情绪链

⭐ 活动

🕐 10 分钟

活动所需材料

🛒 — 需自行准备：
- 白板或记录纸和合适的记号笔
- 记号笔或白板笔

✂️ — 本书已含材料：
- 已完成的情绪目标海报
- 视觉化资料：情绪链情境
- 讲义：空白情绪链

指导说明

> 强化！
> 鼓励学生在完成他们的情绪链时参考情绪目标。

设置：确保所有学生都能看到已经完成的情绪目标。

1. 告诉学生，我们的情绪会导致我们做出特定的行为。请学生想象或回想上次他们非常兴奋的时候，他们做了什么，比如跳起来、微笑、跑来跑去、大笑。再想想上次他们非常生气的时候做了什么，比如大喊大叫、捏紧拳头、跑出房间。

2. 告诉学生，每当我们产生情绪时，都会经历一系列相关的事件。

3. 给每位学生发放一份情绪链资料。

4. 逐步引导学生理解情绪链。

5. 根据以下情境和情绪链引导学生理解，并参考使用情绪链情境的讲义。

075

情境1：

昨天放学回家的路上，因为没有家庭作业，我感觉很开心。我计划回家后和朋友一起看我最喜欢的电视节目。到家后，妈妈告诉我停电了，不能看电视了。我当时非常生气，怒火中烧，以至于开始一边跺脚一边大喊大叫。妈妈试图帮助我冷静下来，但我无法做到，依然继续大喊大叫。她告诉我，因为我如此无礼，晚饭后我没有甜点吃了。

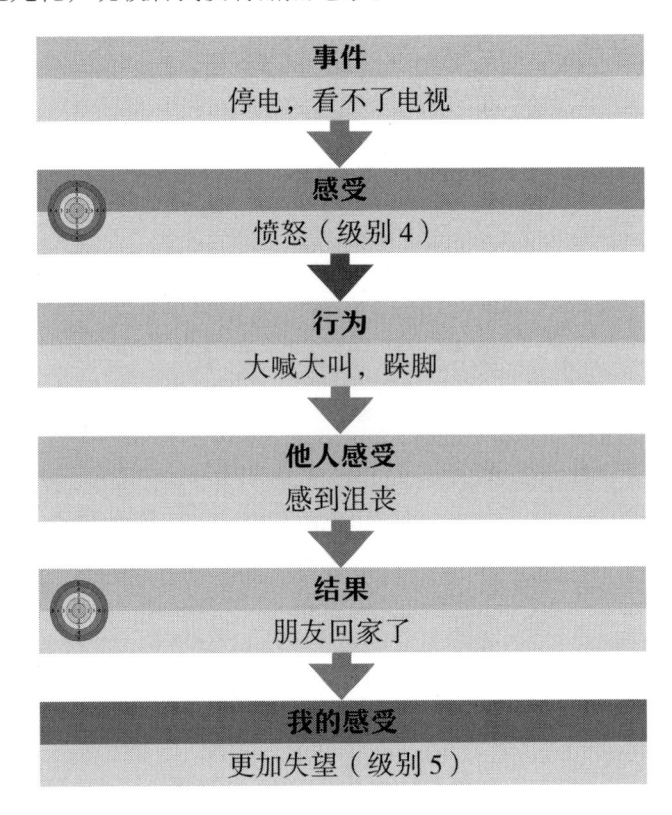

事件
停电，看不了电视

↓

感受
愤怒（级别4）

↓

行为
大喊大叫，跺脚

↓

他人感受
感到沮丧

↓

结果
朋友回家了

↓

我的感受
更加失望（级别5）

主题1：基础技能

情境2：

现在向学生展示如何创建一个会导致不同结果的情绪链。重新阅读情境，但强调你决定不再大喊大叫，而是去问妈妈能否解决这个问题。她说她不知道为什么停电了，但她会带你和朋友一起去篮球场玩，因为你虽然表现出失望但处理得很好。

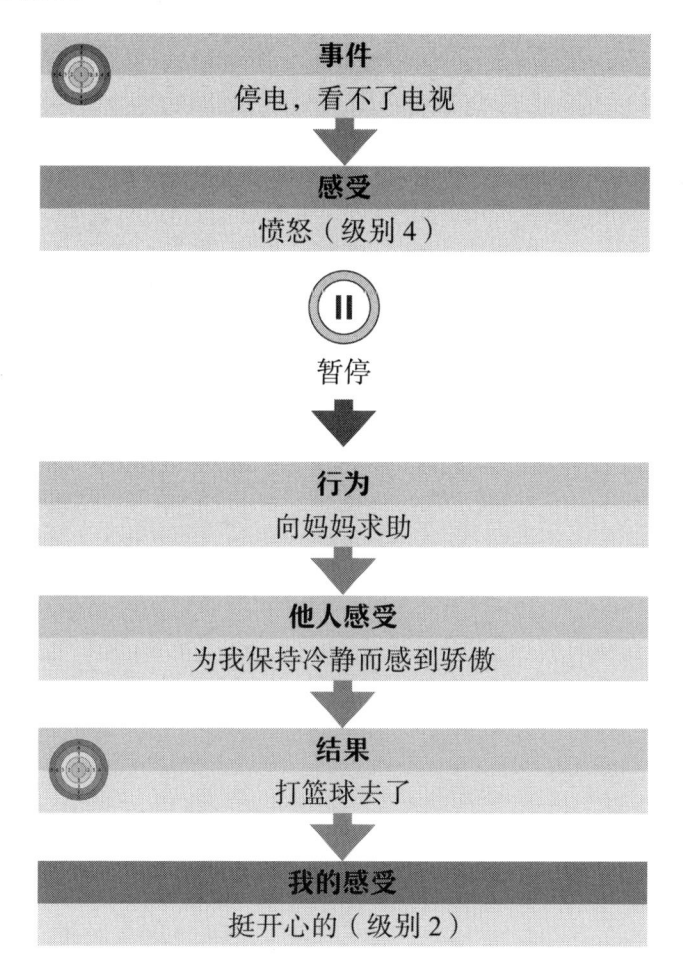

事件
停电，看不了电视

↓

感受
愤怒（级别4）

↓

暂停

↓

行为
向妈妈求助

↓

他人感受
为我保持冷静而感到骄傲

↓

结果
打篮球去了

↓

我的感受
挺开心的（级别2）

请学生比较哪个情绪链的结果更好。请他们观察这两个情绪链，看看哪一步发生了改变（行为）。强调虽然停电让人非常沮丧，但当你选择寻求帮助而不是大喊大叫时，结果好了很多。所有人都感觉很好。告诉学生通常在经

077

历强烈情绪时，暂停一下是很重要的。暂停可以让情境暂时停滞，给你时间决定下一步该怎么做。暂停比冲动地采取行动更好，后者可能会使情境变得更糟。

建议

★ 寻找在其他课上和学校日常情境中使用情绪目标和情绪链的机会。我们提供了一个空白的情绪链模板，供你在这些情境中使用。

★ 强化学生在小组时间外参考使用情绪目标和情感链。

主题 1：基础技能

第三课　视觉化资料

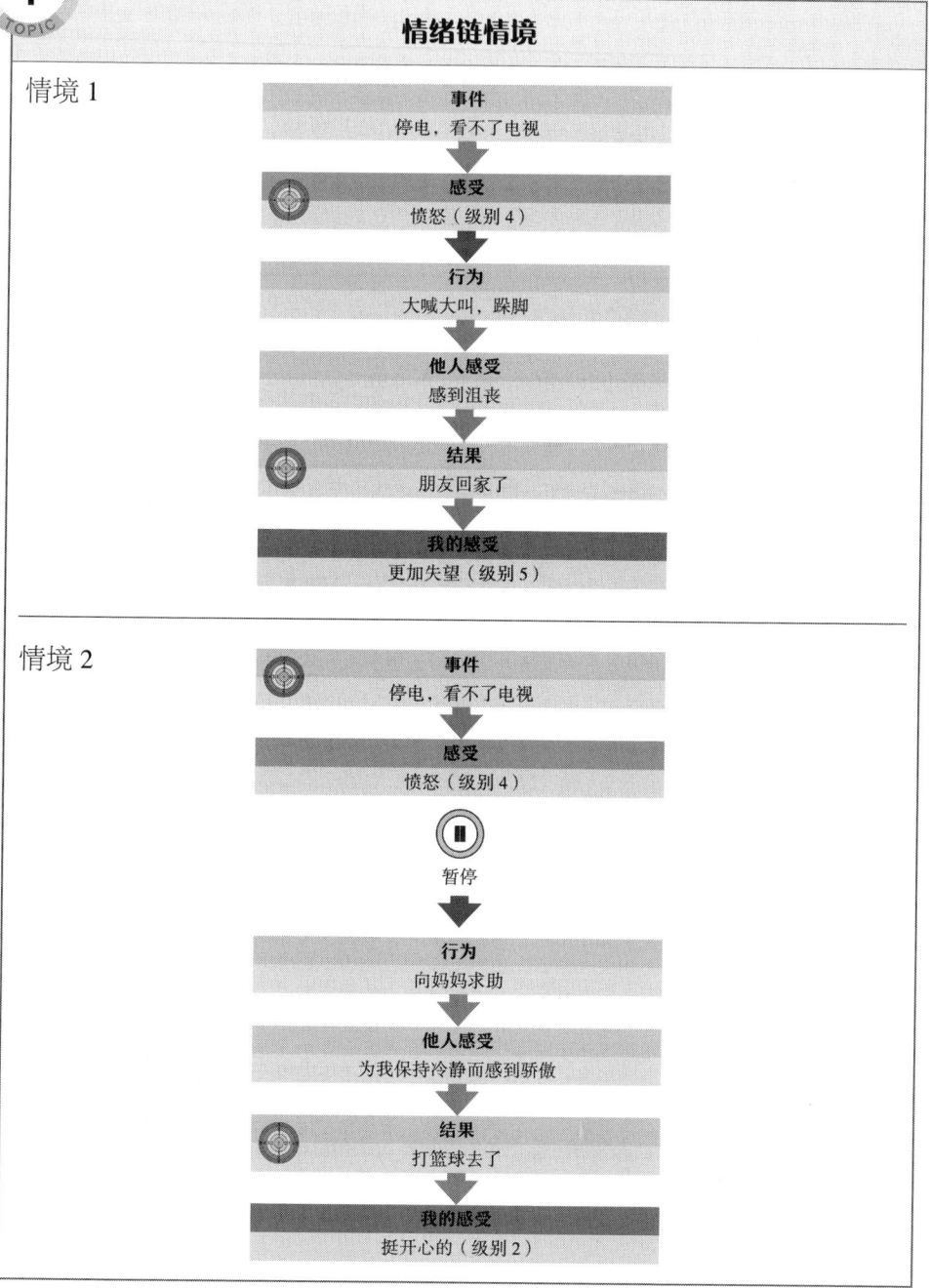

情绪链情境

情境 1

- 事件：停电，看不了电视
- 感受：愤怒（级别 4）
- 行为：大喊大叫，跺脚
- 他人感受：感到沮丧
- 结果：朋友回家了
- 我的感受：更加失望（级别 5）

情境 2

- 事件：停电，看不了电视
- 感受：愤怒（级别 4）
- 暂停
- 行为：向妈妈求助
- 他人感受：为我保持冷静而感到骄傲
- 结果：打篮球去了
- 我的感受：挺开心的（级别 2）

079

第三课　讲义

空白情绪链

情境1：使用第一个例子创建一个情绪链，描述一个情感驱使了行为发生但情况并没有得到改善的情境。

事件

⬇

感受
描述情绪：　　　　　　　　等级：

⬇

行为

⬇

他人感受

⬇

结果

⬇

我的感受
描述情绪：　　　　　　　　等级：

主题 1：基础技能

第三课　讲义

空白情绪链

情境 2：使用第一个例子创建一个情绪链，描述一个情感驱使了行为发生但情况得到积极改善的情境。

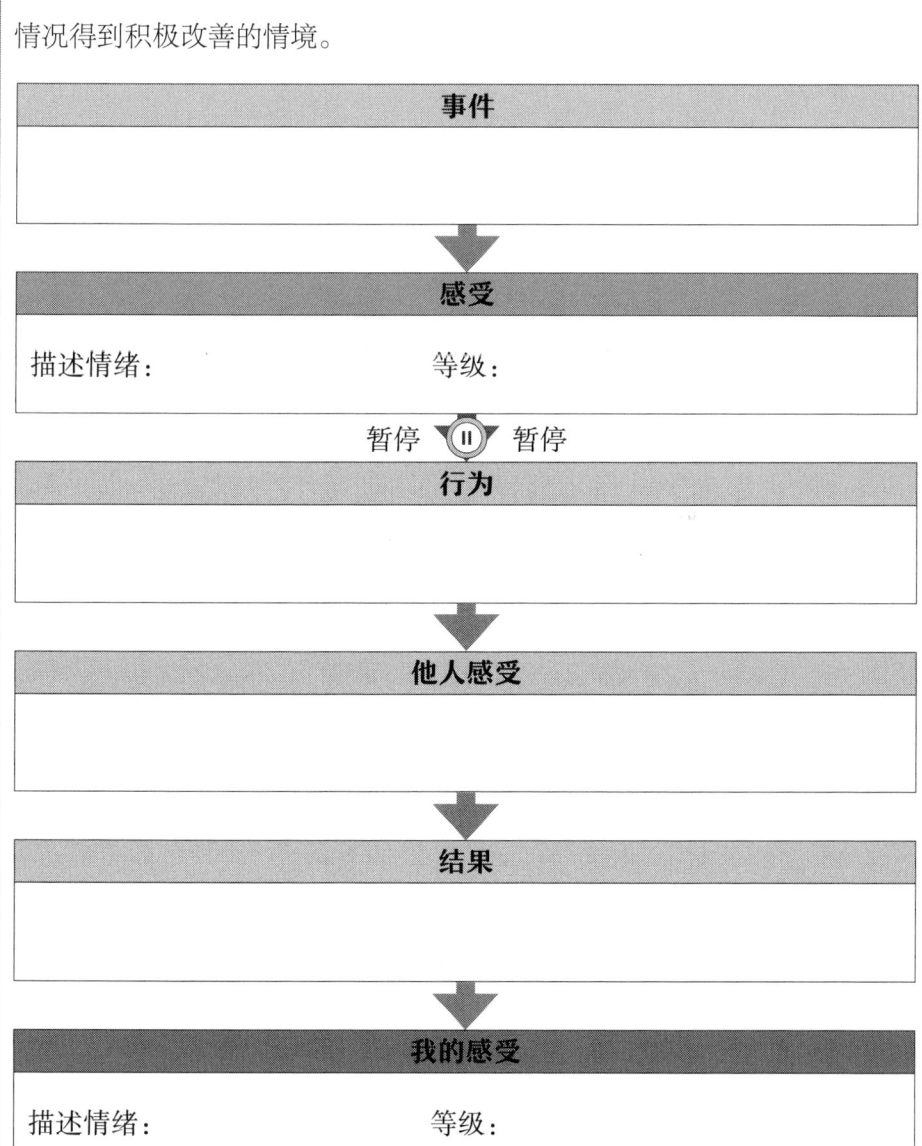

事件

⬇

感受
描述情绪：　　　　　　　　等级：

暂停 ⏸ 暂停

行为

⬇

他人感受

⬇

结果

⬇

我的感受
描述情绪：　　　　　　　　等级：

081

U 锁定目标 灵活达成（第 2 版）
Unstuck and On Target!

第三课

结束
课堂练习和家庭练习

⭐ 总结

🕐 5 分钟

活动所需材料

🛒 – 需自行准备：

- 铅笔（学生每人一支）
- 视觉化小组强化物
- 每个学生的 UOT 笔记本

✂ – 本书已含材料：

- 课堂练习 3
- 家庭练习 3

指导说明

学生将复习家庭练习，并完成"目标—原因—计划—执行—检查"（GWPDC）的检查部分。

1. 分发家庭练习表。大声朗读目标。询问学生他们将和谁一起完成家庭练习。让学生知道，下次上课时，带来完成好的家庭练习表的学生将获得 1 积分。

建议

★ 遵循一致的流程复习和完成家庭练习。例如，复习家庭练习，监督所有学生将表格放入他们的家庭作业文件夹中，监督所有学生将作业内容写在家庭作业计划本上。

2. 引导学生将本次课程的所有作业资料归档到他们的 UOT 笔记本中。

3. 对着全班大声朗读第三课的目标。询问学生是否能够实现目标。请学生指出是什么帮助他们实现了目标。

4. 复习计划。询问学生是否能够执行计划。有无法完成的步骤吗？是否需要修改计划？

建议

★ 这节课特别注重丰富的情绪调节技能和策略。根据学生在这一领域的经验，可能需要两天时间才能完成教学内容。这些情绪调节的概念非常基础，将在后续的干预课程中再次出现。

5. 提醒学生他们正在为获得一个小组的大奖励而努力。每天你会将他们的积分累加到积分库里。当他们累到_____积分时，他们将获得一次小组庆典或一份奖品。

建议

★ 充分考虑奖品是否对学生仍然具有吸引力，以及他们是否能够对奖励或庆典活动保持持续的期待和动机。

★ 可以随时使用相同的系统来强化学生一整天内发生的相同行为。这种方法不仅有助于学生在不同环境中泛化这些技能，还能为课堂提供一套共通的词汇和语言。

6. 向所有与学生互动并能帮助学生练习新技能的教师分发课堂练习讲义，这对学生来说可能大有帮助。

第三课

课堂练习 3

课堂总结：今天学生学习了我们的想法/事件、情绪和行为是如何相互关联的，以及如何判断他们的情绪强度。如果学生能够识别他们正在感受的情绪及其强度，他们就能更好地选择下一步的行为。

想法/事件 ➡ 情绪 ➡ 行为

为了支持你的学生学习和泛化，你可以：

1. 每天至少在学生面前识别一次自己的情绪，并使用指导性自我对话（instructive self-talk）来示范情绪管理。例如：

   - "当我看到德文与山姆分享他最喜欢的玩具时，我**感到**非常**自豪**。从山姆的笑容可以看出他**感到开心**，因为他笑了，并且感谢了德文三次！"
   - "当我有机会读罗尔德·达尔（Roald Dahl）的书时，我**感到很开心**。他是我最喜欢的作家。"

2. 在课堂上阅读故事或观看视频时，将角色的思想、情感和行为进行关联，或者分析一个角色的行为如何影响另一个角色的感受。例如：

   - "当她的父亲说_____时，_____会**感觉**怎么样？"
   - "为什么他会这样做？他在**想**什么或者有什么**感受**？"
   - "当他做了_____时，她**感觉**怎样？"

第三课

家庭练习 3

你的孩子今天参加了 *UOT* 课程中的第三次小组课。

今天孩子学习了我们的想法/事件、情绪和行为是如何相互关联的，以及如何判断他们的情绪强度。如果孩子能够识别他们正在感受的情绪及其强度，他们就能更好地选择下一步的行为。

想法/事件 ➡ 情绪 ➡ 行为

在家中，你可以：

1. 每天至少一次在孩子面前表达你的感受。例如：
   - "今天我真为你感到骄傲。"
   - "和妮娜阿姨聊天让我感到很开心，她总是很搞笑。"
   - "有时候我会因为想念奶奶而感到伤心。"

2. 尝试使用各种不同的情绪词汇，例如：
   - 开心
   - 沮丧
   - 无聊
   - 伤心
   - 担忧
   - 失望
   - 自豪

3. 尝试将你的想法、情绪和行为联系起来。或者，当你和孩子一起看电视或阅读时，可以借助角色来进行这样的讨论：

- "当我担心你可能会受伤时,我感到害怕并大声呼喊起来。"
- "他以为妈妈生气了,所以他很害怕,躲起来了。"
- "当我看到你把晚餐吃完时,我感到很开心,于是决定再吃点甜点。"

主题 1：基础技能

第四课　你怎么做可以感觉更好？

◎ 目标

本课旨在帮助学生学习在情绪逐渐增强时，尤其是在面对困难情境时，如何灵活运用应对策略，让情绪恢复稳定。本节课包含四项活动（其中一项是附加活动）。

活动所需材料

– 需自行准备：

- 白板
- 胶带
- 3 张小纸片（分别标识数字 1、2、3）
- 杯子
- 水
- 口香糖
- 可供跑步的空间
- 可供荡秋千的空间
- 每个学生和老师各 5 张空白索引卡
- 记号笔
- 剪贴画、电脑或有大量图片的杂志
- 打孔器
- 用于将卡片串在一起的绳子或 D 形环
- 铅笔
- 视觉化小组奖励
- 每个学生的 *UOT* 笔记本

– 本书已含材料：

- 第四课的 GWPDC
- 快问快答的问题
- 讲义：失望及其应对策略
- 讲义：如何感觉"刚刚好"
- 讲义：感觉"刚刚好"的策略调研
- 讲义：我的任务是恢复到感觉"刚刚好"
- 讲义：深呼吸
- 讲义：策略卡示例
- 课堂练习 4
- 家庭练习 4

锁定目标 灵活达成（第2版）
Unstuck and On Target!

第四课

| 导入 复习 GWPDC 和快问快答 | 复习 & 游戏　5 分钟 |

活动所需材料

– 需自行准备：
- 白板或记录纸，以及合适的记号笔
- 胶带
- 3 张小纸片（分别标识数字 1、2、3）

– 本书已含材料：
- 第四课的 GWPDC
- 快问快答的问题

指导说明

1. 在上课前，将 GWPDC 张贴在白板上。

2. 与小组一起复习 GWPDC。

3. 完成快问快答活动。

* 完整的操作说明和技巧请参考 GWPDC 和快问快答活动的指导说明（主题 1 第二课）。

强化
灵活性。
"我知道你想第一个完成，谢谢你能灵活应对，让你的同学先完成。"

目标（Goal）：学会在意外发生时让自己情绪平稳。

原因（Why）：当我不沮丧时，我有更多选择，也能更灵活地应对。当我更灵活和冷静时，我更有可能得到我想要的东西。

计划（Plan）：
1. 快问快答。
2. 我感到失望时可以做什么？
3. 应对策略调研。

088

主题1：基础技能

4. 策略卡。

5. 应对策略的多样选择（如果有充分的时间）。

6. 复习家庭练习。

执行（Do）：执行计划并获得积分。

检查（Check）：进展如何？我们完成计划了吗？当你感到沮丧或失望时，你可以做点什么？

快问快答的问题

1. 想一想情绪目标。当你感觉"刚刚好"时，我们使用什么数字和颜色？

2. 当你的情绪最强烈或最激烈时，我们使用什么数字和颜色？

3. 想一想情绪链。情绪链的步骤是什么？（提示：它以一个事件为开端。）

第四课

活动 1
失望及其应对策略

小组活动
5 分钟

活动所需材料

– 本书已含材料：
- 视觉化资料：情绪目标海报
- 讲义：失望及其应对策略（一组一份）

指导说明

1. 讨论"失望"这个词：当你期望的与实际发生的不符时，你会感受到这种情绪（教师需要提供一些例子帮助学生理解）。

2. 要求学生识别他们失望时的感受或失望时他们想到的词语，如，伤心、沮丧、生气、愤怒。询问他们在失望时身体有什么样的感觉，如，面部发热、胃痛、咬紧牙关、拳头紧握等。

3. 提供不同的情境，让每位学生在"情绪目标"上根据不同情境评估他们感受到的情绪强度。这些情境可以是以下内容：我非常想要新的游戏机，但商店已经售罄；我想在课间和苏茜一起玩，但她选择和安一起玩。教师也可以使用课堂上发生的事情作为例子。

4. 展示"失望及其应对策略"讲义（保持活动节奏，学生将有机会在下一次活动中深入探讨该内容）。帮助学生集思广益，思考当他们得不到自己想要的东西时可以做些什么来应对自己感受到的失望或沮丧，也就是有什么样的应对技能。可能的方法包括：获取更多信息、请求成年人的帮助、请求休息一下、请求与学校里能帮助他们的成年人会面（如辅导员）、使用停止负面想法的技巧、深呼吸、想一些让他们开心的事情，以及礼貌地争取变化等。将这些方法写在"失望及其应对策略"的讲义上，并在完成活动 1 时将讲义张贴在墙上。

第四课　讲义

失望及其应对策略

感受：
失望

行动：
应对技巧

你能想到帮自己感到不那么失望的办法吗？

- 外出
  - 跑一圈
  - 荡秋千
  - 打会儿球
- 阅读
- 休息
  - 深呼吸
  - 戴耳机
  - 使用软枕头
  - 玩指尖玩具
  - 喝水
  - 去办公室跑腿
- 音乐
  - 戴耳机听音乐
  - 哼唱歌曲
- 绘画
- 写日记
- 思考策略
  - 想法积极
  - "没关系，我只是犯了个错"
  - 从 1 数到 30
  - 想象自己最喜欢的地方或活动

第四课

活动 2
应对技巧的调研

📋 实验
🕐 10 分钟

活动所需材料

🛒 - 需自行准备：
- 杯子
- 水
- 口香糖
- 可供跑步的空间
- 可供荡秋千的空间

✂️ - 本书已含材料：
- 视觉化资料：情绪目标海报
- 讲义：如何感觉"刚刚好"
- 讲义：感觉"刚刚好"的策略调研
- 讲义：我的任务是恢复到感觉"刚刚好"
- 讲义：深呼吸

指导说明

1. 阅读讲义"如何感觉'刚刚好'"。与学生讨论第 5 级情绪强度的情绪是什么感觉，询问他们是否曾经有过这种感受并分享你自己的经历。提醒学生，每个人都曾有过此情绪强度的情绪的体验，他们的任务是找出帮助自己恢复到"刚刚好"的状态的策略。

建议

★ 强调为什么你想从第 5 级情绪强度降到第 1 级（刚刚好/适度）：当你处于第 5 级情绪强度时，你会感到非常糟糕，这种状态不仅让你自己难受，还很可能让周围的人感到不安或不舒服。此外，当你的情绪过于强烈时，别人更不可能给予你想要或需要的东西。

2. 从活动 1 或讲义"感觉'刚刚好'的策略调研"中列出的头脑风暴想法中，让学生选择一些应对策略并尝试使用。学生需要评估这些策略对他们有多大帮助。

3. 根据讲义"深呼吸"演示深呼吸策略。让学生根据讲义"感觉'刚刚好'的策略调研"对这一策略进行评分。

4. 如果时间充裕，阅读讲义"我的任务是恢复到感觉'刚刚好'"。让学生头脑风暴，列出他们会使用哪些策略来恢复到感觉"刚刚好"的状态。

第四课　讲义

如何感觉"刚刚好"

有时我会感到情绪强度达到第 5 级。

我可能会达到第 5 级情绪强度，因为我感到愤怒。

我可能会达到第 5 级情绪强度，因为我感到沮丧。

当我处于第 5 级情绪强度时，我会更难完成工作或集中注意力。

当我处于第 5 级情绪强度时，我需要运用策略来帮助自己冷静下来，回到感觉"刚刚好"的状态。

　　　　　　　　　　　　我将成为一名侦探。

　　　　　　　　　　我将成为一名"感觉'刚刚好'状态的侦探"。

主题 1：基础技能

第四课　讲义

感觉"刚刚好"的策略调研

尝试以下办法，看看你感觉如何：

感觉"刚刚好"的策略	这个策略对我回到感觉"刚刚好"的状态有多大帮助？					我喜欢这个策略	我不喜欢这个策略
	1 没有帮助	2 有一点点帮助	3 有一些帮助	4 有很多帮助	5 我感觉"刚刚好"		
做 5 次深呼吸							
闭上眼睛，想象一个"快乐的地方"，如海滩							
闭上眼睛，想象你最喜欢的活动							
外出跑步							
在脑海中反复告诉自己，"我没事，我感到平静"							
喝水							
请求休息一下							
尝试深呼吸							
阅读							
从 1 数到 30							
画画							
唱歌或哼曲子							
荡秋千							
制定你自己的策略：							
制定你自己的策略：							

主题 1

第四课 讲义

我的任务是恢复到感觉"刚刚好"

我的任务：找出我喜欢使用的策略来帮助自己回到感觉"刚刚好"的状态。

我可以选择我喜欢的策略，这些将成为我的感觉"刚刚好"情绪策略。

每当我感到很生气，情绪达到了第 3、4 或 5 级情绪强度时，我会使用这些策略。

我只需要向我的老师求助。我的老师会为我使用这些策略感到非常自豪。

我也会为自己恢复到感觉"刚刚好"或第 1 级情绪强度而感到非常骄傲。

当我在需要的时候使用我的策略时，我可以得到额外的积分。

任务 1

在午餐时间，我发现我没有足够的钱买我想吃的零食，这让我感到非常生气。我处于第 5 级情绪强度。

任务 2

在图书馆，我发现我想看的书已经被别人拿走了，我感到非常沮丧。我处于第 4 级情绪强度。

任务 3

我使用电脑时大喊了起来，老师不得不把我的电脑拿走，我感到非常生气。我处于第 5 级情绪强度。

任务 4

我和朋友们开玩笑，结果我笑得停不下来。我处于第 3 级情绪强度。

第四课　讲义

深呼吸

关注你的胃部，想象里面有一个小气球。通过鼻子缓慢地深呼吸，想象气球慢慢变大。憋气停留几秒钟，然后通过嘴巴缓慢呼气，想象气球慢慢变小。重复 5 次或更多次。

感受一下你的身体有什么变化。你感觉更放松了吗？你感觉更轻松了吗？太棒了！每天多次练习这个动作，甚至坐在桌子前也可以练习，直到你的身体很快养成这个习惯。之后，当你需要灵活应对时，你可以做 5 次或更多次深呼吸，你的身体就会自动进入放松状态。

第四课

活动 3
策略卡

👤 个人活动
🕐 10 分钟

活动所需材料

🛒 — 需自行准备：

- 每个学生和老师各五张空白索引卡
- 记号笔
- 剪贴画、电脑或有大量图片的杂志
- 打孔器
- 用于将卡片串在一起的绳子或 D 形环

✂ — 本书已含材料：

- 第四课的 GWPDC
- 讲义：感觉"刚刚好"的策略调研
- 讲义：策略卡示例

指导说明

1. 每位学生将根据讲义"感觉'刚刚好'的策略调研"确定 5 种最有效的恢复到感觉"刚刚好"状态的策略，帮助他们在情绪崩溃时调整状态。学生将为他们选择的每种策略制作一张策略卡，并在卡片上标注文字和图片。老师提前制作自己的卡片并展示给学生看。可以参考讲义"策略卡示例"。以下是一些示例：

   a. 深呼吸的图片

   b. 学生拥抱亲人的图片

   c. 写有"寻求帮助"文字的图片

   d. 休息的图片

   e. 展示学生最喜欢的地方或活动的图片

2. 对于每种策略，学生需要写一个词或短语，并绘制、剪贴或下载一张图片，贴在策略卡上。让他们在每张卡片上打一个孔，并用 D 形环或绳子将卡片装订起来。如果学生更喜欢用其他视觉化的方式来表达他们的感觉"刚刚好"的策略，也可以不使用策略卡，而是选择用其他形式来呈现。

主题 1：基础技能

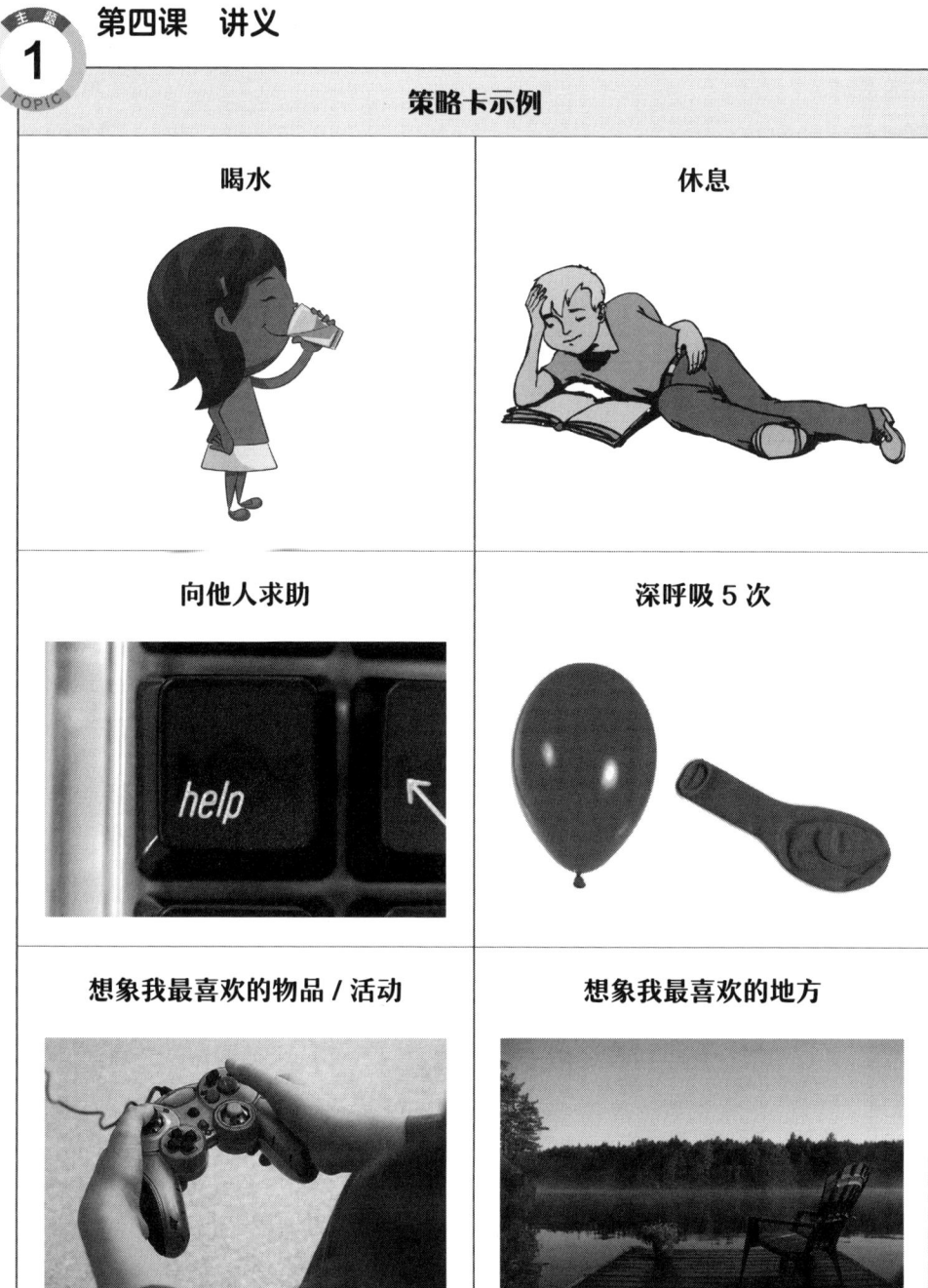

第四课　讲义

策略卡示例	
喝水	休息
向他人求助	深呼吸 5 次
想象我最喜欢的物品 / 活动	想象我最喜欢的地方

第四课

附加活动
应对策略的选择

角色扮演
20 分钟

这节课适合那些需要额外练习评估自己情绪强度并学习应对策略的学生。

指导说明

1. 在活动结束时大声朗读或以幽默的方式进行角色扮演。

2. 让学生举例说明每个情境中有效和无效的应对策略。教师也可以选择朗读或表演每个情境后的示例策略，并让学生判断每个应对策略是有效的还是无效的。如果策略无效，请学生提出替代方案。

3. 让学生用他们选出来放在策略卡上的感觉"刚刚好"策略来演练这些情境。请观看的学生指出，演出者是否很好地使用了应对策略。

情境和示例策略

（请根据学生的需要和兴趣修改情境。）

情境：你在数学课上解不出一道题，感到非常沮丧。

- 应对策略 1：你请求休息一下，然后再回到数学课上。现在你能解出来了。
- 应对策略 2：你尖叫着把书扔到地上，然后你被叫到校长办公室约谈。

情境：你在科学课上坐立难安，感觉身体里有很多多余的能量，让你无法安坐在位置上。

- 应对策略 1：你长长地深呼吸，感觉自己平静了一些，能够集中注意力了。
- 应对策略 2：你越来越兴奋，站起来在教室里跑来跑去。

情境：你在教室里，看到你的朋友正在读你想在课后读的书。你感到非常沮丧。

- 应对策略 1：你试图从朋友那里抢到书，结果惹上麻烦。
- 应对策略 2：你查看你的感觉"刚刚好"策略列表，决定改看一本漫画书。

情境：在科学课上，你的朋友回答了你想回答的问题。

- 应对策略 1：你打断你的朋友，结果没有得分。
- 应对策略 2：你等待下一个问题，然后再次尝试回答。

你可以针对每个情境做一个情绪链的示范（参见主题 1 第三课）。你可以使用情绪链来预测"如果……会发生什么"，或者重演一个问题情境，并以学生期望的情境的发展方式重新编写该情绪链。

请注意学生应该使用情绪应对策略的时机。

第四课

结束
课堂练习和家庭练习

☆ 总结
⏱ 5 分钟

活动所需材料

🛒 — 需自行准备：
- 铅笔（学生每人一支）
- 视觉化小组强化物
- 每个学生的 UOT 笔记本

✂ — 本书已含材料：
- 课堂练习 4
- 家庭练习 4

指导说明

1. 分发家庭练习表。大声朗读目标。询问学生他们将和谁一起完成家庭练习。让学生知道，下次上课时，带来完成好的家庭练习表的学生将获得 1 积分。

建议

★ 遵循一致的流程复习和完成家庭练习。例如，复习家庭练习，监督所有学生将表格放入他们的家庭作业文件夹中，监督所有学生将作业内容写在家庭作业计划本上。

2. 引导学生将本次课程的所有作业资料归档到他们的 UOT 笔记本中。

3. 对着全班大声朗读第四课的目标。询问学生是否能够实现目标。请学生指出是什么帮助他们实现了目标。

4. 复习计划。询问学生是否能够执行计划。有无法完成的步骤吗？是否需要修改计划？

5. 提醒学生他们正在为获得一个小组的大奖励而努力。每天你会将他们的积分累加到积分库里。当他们累到_____积分时，他们将获得一次小组庆典或一份奖品。

建议

★ 在课堂上,如果你发现学生正在坚持执行计划或遵守行为准则,请提醒他们努力的目标,并给予相应的强化。"你们使用尊重他人的词汇并赢得了积分,做得很棒。我们的积分数让我们更接近目标派对了。"

6. 向所有与学生互动并能帮助学生练习新技能的教师分发课堂练习讲义,这对学生来说可能大有帮助。

第四课

课堂练习 4

课堂总结：学生在小组中选择并练习了情绪应对策略。

为了支持你的学生学习和泛化，你可以：

1. 每天至少在学生面前识别一次自己的情绪，并使用指导性自我对话（instructive self-talk）来示范情绪管理。例如：

   - "今天这件事情没做成真让我沮丧！我需要**向他人求助**。"
   - "我很失望今天不能做那件事。我会**深呼吸 5 次**，想想明天做这件事将会多么有趣。"

2. 如果你的学生在课堂上遇到问题，请提醒他们把应对情绪的策略卡放在桌面上或抽屉里。每个学生都制作了自己的策略卡，上面列出了帮助自己保持冷静所使用的策略示例，如深呼吸、请求休息等。即使你的学生没有完全成功地使用冷静策略，也请在他们尝试使用应对策略时予以奖励。

   - "让我们一起**深呼吸**并专注于我们的目标。"
   - "这行不通。让我们**休息一下**再重新开始。"
   - "现在是检验你的**应对策略**的好时机。我们挑一个来试试吧？"

第四课

家庭练习 4

你的孩子今天参加了 *UOT* 课程中的第四次小组课。

课程总结：今天，你的孩子学习了在感到失落、失望或沮丧时如何冷静下来。他们制作了适合自己的策略卡，用来提醒自己尝试做一些事情来平复情绪。

在家中，你可以：

1. 在本周内，至少在孩子面前展示多次自己的应对策略。例如：
   - "今天这件事情没做成真让我沮丧！我需要**向他人求助**。"
   - "我很失望今天不能做那件事。我会**深呼吸 5 次**，想想明天做这件事将会多么有趣。"

2. 查看你孩子的策略卡。这些策略卡将提醒你孩子可以做些什么让自己冷静下来。询问孩子他们认为哪种策略最有效。你也可以提醒孩子在可能引发情绪崩溃的场合或地方携带这些策略卡。
   - "在超市里有时你会感到沮丧。不如带上你的**策略卡**，尝试一下上面的策略如何？"
   - 每当孩子尝试应对策略时，请奖励他。

3. 你的孩子将带你尝试做深呼吸练习（如下所示），只需几分钟。你可能会惊讶地发现它非常有帮助。

深呼吸练习

关注你的胃部，想象里面有一个小气球。通过鼻子缓慢地深呼吸，想象气球慢慢变大。憋气停留几秒钟，然后通过嘴巴缓慢呼气，想象气球慢慢变小。重复 5 次或更多次。

主题 1 成长报告

学生姓名：_____   日期：_____

教师姓名：_____

在过去几周中，我们在主题 1 中教授了以下技能和概念：

- 行为准则
- 目标—原因—计划—执行—检查（GWPDC）
- 情绪目标
- 情绪链

- 失望
- 感觉舒适
- 应对策略

主题 1 技能	总是	有时	没有
1. 遵守行为准则			
2. 能够制定"目标—原因—计划—实施—检查"（GWPDC）			
3. 能够表达自己的感受			
4. 能够识别自己的行为如何影响他人的感受			
小组的一个成就：			
需要继续努力的地方：			
附加说明：			

_____（老师签字）

（请撕下并返还已签名的单据，确认你已收到进度报告）

我收到了 *UOT* 课程的成长报告

_____（家长签字）日期：_____

主题 2　什么是灵活性？

特别说明：主题 2 旨在让学生深入且具体地理解"灵活性""刻板"和"陷入困境"的含义。为了最有效地教学，使用统一的词汇库非常重要。需要反复使用相同的词汇，并在家庭和学校之间保持一致。小组负责人应根据学生的不同需要及时调整活动内容。

总结：主题 2 定义了**灵活性**、**刻板**和**陷入困境**。此外，本主题内的课程通过具体且有趣的活动，为灵活性提供了概念基础。本主题基于对肢体灵活性的理解，进一步将认知灵活性纳入其内涵范畴。学生、教师和家长将一起学习一组新的词汇，并以相同的方式使用这些词汇。

先备技能：理解并认同行为准则和 GWPDC 例行程序。能够使用情绪目标和情绪链（主题 1）。

相关技能：语言理解的核心能力，参与小组讨论和角色扮演的能力。

成果——掌握标准

1. 学生能够用他们的思维定义灵活性和陷入困境。

2. 学生能够从肢体（身体）和具体的角度定义灵活性和刻板。

3. 学生能够识别一个物体是灵活的还是刻板的。

4. 学生能够展示对灵活性在肢体活动和思维/解决问题技能方面优势的理解。

锁定目标 灵活达成（第2版）
Unstuck and On Target!

主题背景和基本原理

认知教学是 *UOT* 课程的第一要素。在认知教学中，学生、教师和家长共同学习与灵活性相关的新词汇，这些词汇涵盖了肢体和认知两个层面。由于认知灵活性是一个较为抽象且难以理解的概念，因此，确保学生首先在具体的、与肢体相关的情境中理解其意义和价值显得尤为重要，随后再逐步引导他们理解认知灵活性的概念。本课的主要目标是建立一个关于灵活性的共同词汇库，这个词汇库能够帮助教师、家长和学生在使用某个词或短语时，能够迅速联想到整个干预过程中所涉及的所有教学内容和经验，例如提问"你陷入困境了吗？"这样的句子。这种共享的词汇库是构建本课程所有内容的基础，为未来的学习奠定了坚实的基石。

第五课　关于灵活性的调研

🎯 目标

本节课的目标是引入灵活性的概念，并突出其定义的重要性。课程中包含的活动为学生提供了充分的实践机会，去探索灵活性的肢体表现，以及完成任务时由灵活性带来的高效体验。本节课包含两项活动。

活动所需材料

— 需自行准备：

- 白板或记录纸
- 胶带
- 3 张小纸片（分别标识数字 1、2、3）
- 记号笔或白板笔
- 两种刻板的物品（如尺子、铅笔）
- 用来装物品的篮子或袋子
- 两种灵活的物品（如吸管、绳子）
- 便条
- 铅笔
- 视觉化小组强化物
- 每个学生的 *UOT* 笔记本

— 本书已含材料：

- 第五课的 GWPDC
- 快问快答的问题
- 课堂练习 5
- 家庭练习 5

锁定目标 灵活达成（第 2 版）
Unstuck and On Target!

第五课

导入	复习 & 游戏
复习 GWPDC 和快问快答	5 分钟

活动所需材料

— 需自行准备：
- 白板或记录纸和合适的记号笔
- 胶带
- 3 张小纸片（分别标识数字 1、2、3）

— 本书已含材料：
- 第五课的 GWPDC
- 快问快答的问题

指导说明

1. 在课程开始前，将 GWPDC 写在白板上。

2. 与小组一起复习 GWPDC。

3. 完成快问快答活动。

* 完整的操作说明和技巧请参考 GWPDC 和快问快答活动的指导说明（主题 1 第二课）。

强化……
记忆能力。
"上次小组活动中的内容，你记得真清楚，我感受到你真的很用心听课了。"

目标（Goal）： 弄清楚灵活和刻板的区别。明确哪一个更有效率。获得 10 积分。

原因（Why）： 深入了解灵活与刻板的区别，能帮助我在学校和生活中灵活应对，从而获得想要的东西，并通过积累更多积分助力小组赢得奖励。

计划（Plan）：

1. 进行快问快答活动。

2. 灵活与刻板的寻宝游戏。

110

主题2：什么是灵活性？

3. 灵活更快速和高效。

4. 复习家庭练习。

执行（Do）：执行计划并获得积分。

检查（Check）：进展如何？我们达成目标了吗？

别忘了在 GWPDC 上勾选完成这个步骤！

快问快答的问题

1. 当你处于第 5 级情绪强度时，你可以使用哪个应对策略？

2. 对我有效的两个应对策略是_____和_____。

3. _____让我感觉到第 4 级或第 5 级情绪强度的情绪，为了恢复到第 1 级情绪强度，我会使用_____作为应对策略。

第五课

活动 1
灵活与刻板的寻宝游戏

活动
10 分钟

活动所需材料

– 需自行准备：

- 白板或记录纸以及合适的记号笔
- 起码两种刻板的物品（如尺子、铅笔）
- 用来装物品的袋子或收纳箱
- 起码两种灵活的物品（如吸管、绳子）

指导说明

> **强化！**
> 当学生描述物品时，给其加分。有时学生发现另一个学生与他有相同想法时可能存在灵活应对的困难。此时请奖励他们的"英雄所见略同"。

1. 在白板上写下"灵活"和"刻板"这两个词。询问学生是否听过或使用过这些词，并将他们的描述记录在白板上。

2. 告诉学生你的包里装有一些物品，让他们从中选择一个物品，并说出它是灵活的还是刻板的，以及为什么这么判断。教师要确保包里物品的数量足够每个学生都有选择机会。

3. 学生每次只选择一个物品。询问他们这个物品是灵活的还是刻板的，并询问他们为什么这么认为。将他们的答案记录在白板上。例如：灵活的——可以弯曲、可以改变形状、不会断裂；刻板的——僵硬、无法弯曲、如果试图弯曲会断裂。

4. 给学生一张白纸，让他们在教室里走动，看看他

主题 2：什么是灵活性？

们能找到多少个灵活的或刻板的物品，并做记录。告诉他们要分别找到至少两个灵活的或刻板的物品。

建议

★ 如果学生独立完成任务有困难，那你可以列一份教室物品清单，让学生根据清单找到物品并标记它们是灵活的还是刻板的。

★ 如果你认为学生完全可以胜任这个任务，可以让他们两两搭档一起寻找物品。

记得在 GWPDC 上勾选完成这个步骤！

锁定目标 灵活达成（第 2 版）
Unstuck and On Target!

第五课

活动 2
越灵活，越高效

活动
🕐 10 分钟

活动所需材料

– 需自行准备：
- 白板或记录纸和合适的记号笔
- 记号笔或白板笔

指导说明

> 强化！
> 努力尝试使用完全僵硬的身体做写字这样困难的事情，值得加分！

1. 告诉学生，你将进行一项科学实验，以找出哪种方式更快、更高效、更容易完成任务：灵活的身体还是僵硬的身体。

2. 学生需要用 3 种不同的方式在白板上写字：

A. 使用僵硬的身体：不能弯曲任何身体部位来完成书写

B. 使用僵硬的身体和灵活的手指：只能弯曲手指来完成书写

C. 使用完全灵活的身体：可以弯曲所有身体部位来完成书写

让他们在一张纸上写下他们的预测：哪种方式（A、B 或 C）最快、最容易、最高效。

3. 让学生到白板前写下一个滑稽的词语或短语，从使用僵硬的身体这一方式开始。每次完成后请学生描述主题2：什么是灵活性？

他们的体验。

4. 当所有学生都尝试过3种方式后，请他们写下最终结论：哪种方式（A、B或C）是最快、最容易、最高效的。

建议

★ 在教室、体育馆或操场上设置障碍课程，进行灵活的身体与僵硬的身体的实验。

★ 如果学生在白板上书写有困难，可以调整活动，改为画图、用橡皮泥捏物品，或用灵活或僵硬的身体制作花生果酱三明治。

记得在GWPDC上勾选完成这个步骤！

锁定目标 灵活达成（第2版）
Unstuck and On Target!

第五课

结束
课堂练习和家庭练习

⭐ 总结
⏱ 5 分钟

活动所需材料

– 需自行准备：
- 铅笔（学生每人一支）
- 视觉化小组强化物
- 每个学生的 UOT 笔记本

– 本书已含材料：
- 课堂练习 5
- 家庭练习 5

指导说明

学生将复习家庭练习，并完成"目标—原因—计划—执行—检查"（GWPDC）中的检查部分。

1. 分发家庭练习表。大声朗读目标。请学生考虑谁将与他们一起完成家庭练习。让学生知道，下次上课时，带来完成好的家庭练习表的学生将获得 1 积分。

建议

★ 遵循一致的流程复习和完成家庭练习。例如，复习家庭练习，监督所有学生将表格放入他们的家庭作业文件夹中，监督所有学生将作业内容记录在他们的家庭作业计划本上。

2. 引导学生将本次课程的所有作业资料归档到他们的 UOT 笔记本中。

3. 对着全班大声朗读第五课的目标。询问学生是否能够达实现目标。请学生指出是什么帮助他们实现了目标。

建议

★ 在最初的几节课中，请确保学生能够实现目标，使他们感受到成功，并理解如何获得积分。

4. 复习计划。询问学生是否能够执行计划。有没有无法完成的步骤？是否需要修改计划？

建议

★ 有时计划必须进行修改。如果意料外的消防演习或一次很棒的讨论花费了太长时间，你就必须修改计划。愉快地接受这些变化，并让学生知道，即使发生了意料外的情况，他们依然灵活地制订了新计划。未来的课程中将更详细地教授这个概念。

5. 提醒学生，他们正在为获得一个小组的大奖励而努力。每天你会将他们的积分累加到积分库里。当他们累到_____积分时，他们将获得一次小组庆典或一份奖品。

建议

★ 事先确定奖品或奖品选项。参阅**问题排查**部分以获取建议。

★ 监测学生获得的积分数量，确保你在整个过程中发放了足够的积分。

★ 在教室前方张贴展示积分库，这样就能不断地提醒学生他们有多接近目标（如一个目标温度计）。

6. 向所有与学生互动并能帮助学生练习新技能的教师分发课堂练习讲义，这对学生来说可能大有帮助。

第五课

课堂练习 5

课堂总结：学生探索了为何灵活的物体更强大，并了解到以灵活的方式完成任务更高效。

为了支持你的学生学习和泛化，你可以：

1. 识别灵活的物体，并指出灵活性更优或更强的情况。例如：

   • "这根橡皮筋很**灵活**，所以没有断！"

   • "如果这个东西能更**灵活**，它的速度会不会更快？"

2. 如果你想做更多练习，可以看看谁能想到最灵活的事物/超级英雄/物质，或者下次你的班级在排队、等待放学或课堂上有一些额外时间时，玩"我发现"（I Spy）灵活物体的游戏。

第五课

家庭练习5

你的孩子今天参加了 *UOT* 课程中的第五次小组课。

课堂总结：今天，你的孩子学习到灵活的物体更强大，并且了解到有时候灵活应对更有好处。

在家中，你可以：

1. 本周的家庭练习非常简单。尝试尽可能地频繁使用"灵活"这个词。识别灵活的物体，并指出灵活性更优或更强的情况。例如：

- "这根橡皮筋很**灵活**，所以没有断！"
- "如果这个东西能更**灵活**，它的速度会不会更快？"

2. 如果你想做更多练习，可以看看谁能想到最灵活的事物/超级英雄/物质，或者下次你在排队、坐车或乘公交时，玩《我发现灵活物品》的游戏。

锁定目标 灵活达成（第 2 版）
Unstuck and On Target!

第六课　灵活性

◎ 目标

　　这节课将从肢体的灵活性概念过渡到更抽象的认知的灵活性概念。这节课开始创建关于灵活性的一组词汇和概念，以促进对灵活性的全面理解。本节课包含两个活动。

活动所需材料

– 需自行准备：

- 白板或记录纸和合适的记号笔
- 胶带
- 3 张小纸片（分别标识数字 1、2、3）
- 白板笔或记号笔
- 有趣的橡皮泥配方（参见讲义"有趣的橡皮泥配方"）
- 铅笔
- 视觉化小组强化物
- 每个学生的 UOT 笔记本

– 本书已含材料：

- 第六课的 GWPDC
- 快问快答的问题
- 讲义：神秘词 1
- 教师指导：神秘词 1 参考答案
- 讲义：UOT 词典：灵活性
- 讲义：灵活性的乐趣
- 讲义：有趣的橡皮泥配方
- 课堂练习 6
- 家庭练习 6

主题 2：什么是灵活性？

第六课

导入	复习 & 游戏
复习 GWPDC 和快问快答	5 分钟

活动所需材料

– 需自行准备：
- 白板或记录纸和合适的记号笔
- 胶带
- 3 张小纸片（分别标识数字 1、2、3）

– 本书已含材料：
- 第六课的 GWPDC
- 快问快答的问题

指导说明

1. 在课程开始前，将 GWPDC 写在白板上。

2. 与小组一起复习 GWPDC。

3. 完成快问快答活动。

* 完整的操作说明和技巧请参考 GWPDC 和快问快答活动的指导说明（主题 1 第二课）。

强化！
鼓励学生在不知道答案时寻求同伴的帮助。基于他们的合作行为给他们加分。

目标（Goal）：弄清楚思维灵活意味着什么。

原因（Why）：当我保持灵活时，我有更多的选择。拥有多个选择总比只有一个选择强。

计划（Plan）：

1. 快问快答。
2. 揭秘神秘词 1。
3. 你像橡皮泥一样灵活吗？
4. 复习家庭练习。

121

> **执行（Do）**：执行计划并获得积分。
>
> **检查（Check）**：进展如何？我们达成目标了吗？我在_____的时候灵活应对了。

快问快答的问题

1. 当我的身体很僵硬不能弯曲时，它是_____？（刻板的）

2. 说出三件我可以做到的事情来帮助我的小组获得积分。

3. 当我可以在白板上轻松写字时，我的身体是_____？（灵活的）

主题 2：什么是灵活性？

第六课

活动 1
神秘词：灵活性

个人或小组活动
10 分钟

活动所需材料

– 需自行准备：
- 白板或记录纸和合适的记号笔

– 本书已含材料：
- 讲义：神秘词 1
- 教师指导：神秘词 1 参考答案
- 讲义：*UOT* 词典：灵活性

指导说明

学生将在主题 2 的每一节课中遇到一个神秘词汇。每个新词汇将以独特且有趣的方式呈现。在本课的第一部分中，教师将引导学生探索认知灵活性，并引领他们开始学习与灵活性相关的新词汇。

1. 让学生回顾主题 2 第五课中关于身体灵活性的词汇和活动（灵活/僵硬）。

2. 发放讲义"神秘词 1"（每人一份或每组一份）。

3. 当学生填写"灵活性"这个词后，告诉他们："我们知道我们的身体可以灵活。如果你认为你的思维也可以灵活，请举手。"

4. 询问学生是否曾经用过他们的思维。他们可能需要一些例子来开始思考。例如，"红色的记号笔没墨了，所以我用了蓝色的"或者"我真正想要的书在图书馆里没有，所以我选择了另一本"。你可以使用最近几天在学生中观察到的例子，这可能会更有帮助。

5. 让学生将他们的例子写在白板上，或者由你代为写下这些例子。

别忘了在 GWPDC 上勾选完成这个步骤！

123

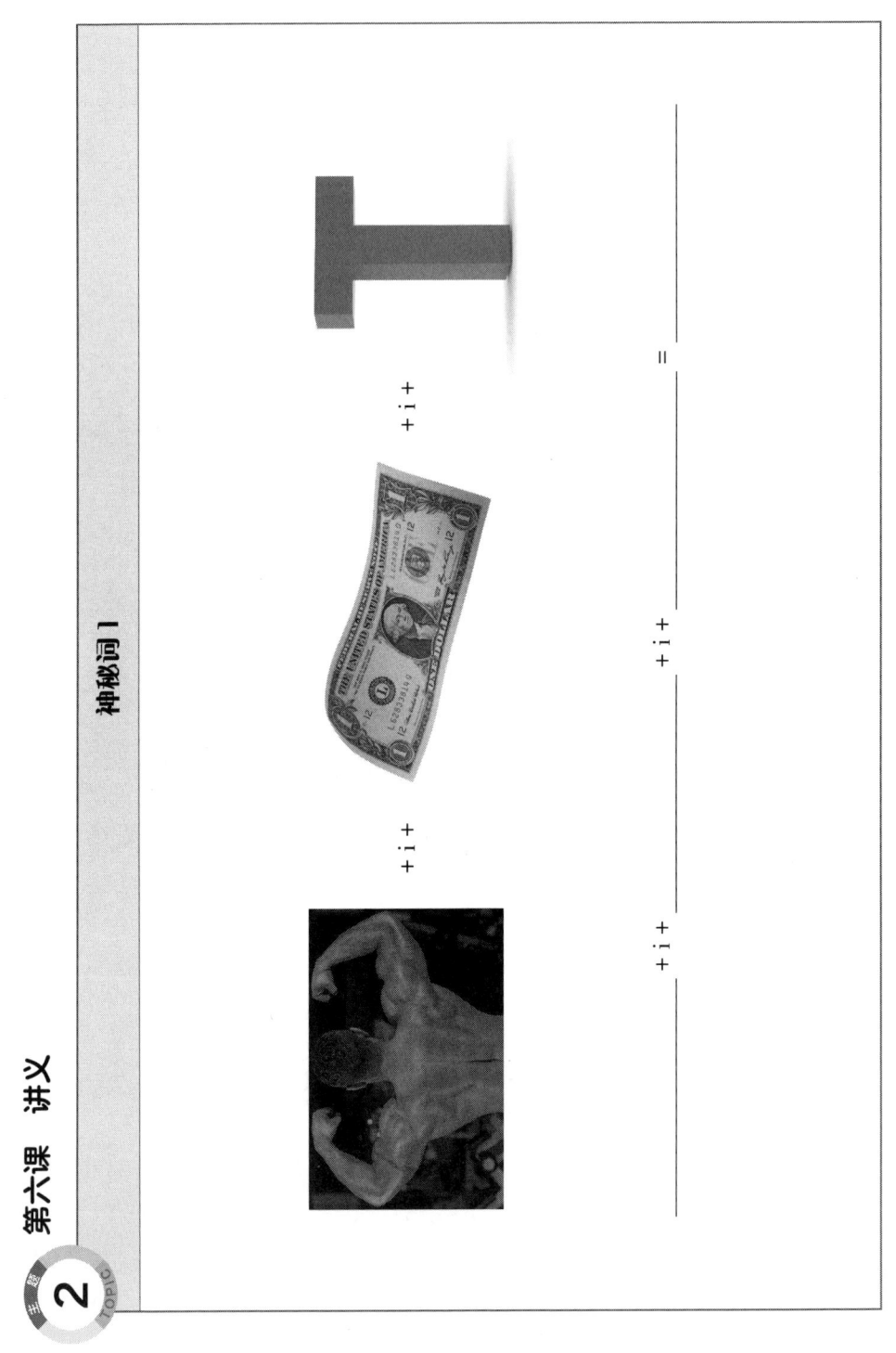

锁定目标 灵活达成（第2版）
Unstuck and On Target!

第六课 讲义

主题 2

神秘词 1

＋ i ＋ ＿＿＿＿ ＋ i ＋ ＿＿＿＿ ＋ i ＋ ＿＿＿＿ ＝ ＿＿＿＿

124

主题2：什么是灵活性?

第六课 教师指导

神秘词 | 参考答案

flex + i + bill + i + tea = flexibility（灵活性）

第六课　讲义

主题 2

UOT 词典

灵活性	
定义： • 就像我们的身体可以很灵活一样，我们的思维也可以很灵活。	示例和建议： • 这意味着我们可以： 　○ 改变我们的想法 　○ 做一些与我们原习惯不同的事情 　○ 以不同的方式思考事物 　○ 考虑新的信息 　○ 保持开放的心态 　○ 识别其他灵活思维的成果

第六课

活动 2（备选）
像橡皮泥一样灵活

演讲与活动
20 分钟

活动所需材料

— 需自行准备：
- 白胶
- 水
- 食用色素（供学生选择和分享的足额分量）
- 硼砂（通常可以在超市的洗衣粉货架附近找到）

— 本书已含材料：
- 讲义：灵活性的乐趣
- 讲义：有趣的橡皮泥配方

指导说明

1. 分发讲义"灵活性的乐趣"。

2. 使用讲义辅助，给学生讲述橡皮泥的发明故事。

3. 询问学生是否知道橡皮泥有哪些用途。（橡皮泥本身非常灵活，可以用来复制报纸上的文字、弹跳以及用它捏出各种造型。宇航员在阿波罗 8 号飞船中甚至用它来固定工具。）

4. 解释人们需要像彼得·霍奇森一样灵活，就像橡皮泥一样。当我们不灵活时，我们就会像詹姆斯·赖特那样刻板。

5. 使用情绪链来对比詹姆斯与彼得的经历。

詹姆斯（学生需要根据他的情况假设他当时的感受）

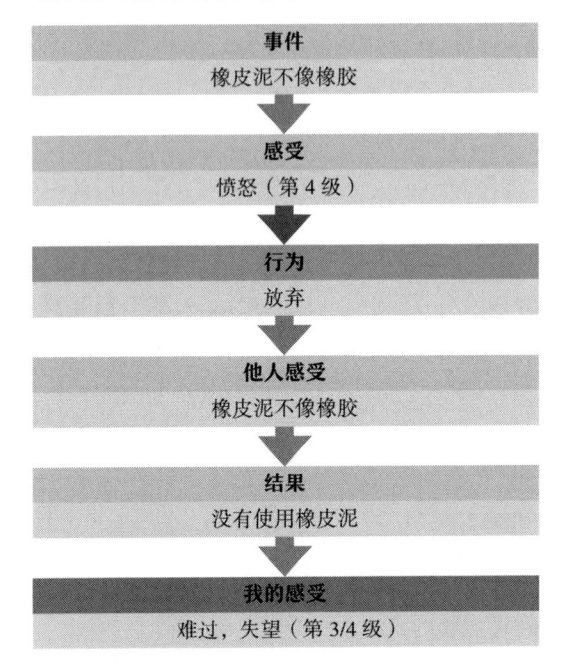

事件
橡皮泥不像橡胶

↓

感受
愤怒（第4级）

↓

行为
放弃

↓

他人感受
橡皮泥不像橡胶

↓

结果
没有使用橡皮泥

↓

我的感受
难过，失望（第3/4级）

彼得（同样，学生需要对他当时的感受进行一些假设）

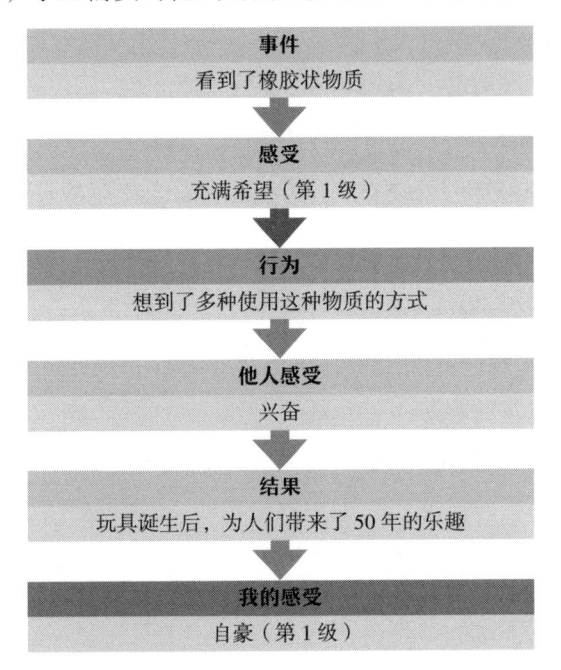

事件
看到了橡胶状物质

↓

感受
充满希望（第1级）

↓

行为
想到了多种使用这种物质的方式

↓

他人感受
兴奋

↓

结果
玩具诞生后，为人们带来了50年的乐趣

↓

我的感受
自豪（第1级）

强调灵活思维和行动所带来的积极结果。

6. 提供以下情境让学生进行思考。询问学生在这些情境中如何以灵活思维应对。

   a. "你去游乐场打算荡秋千，但所有秋千都有人玩儿了。如果你能灵活应对，你会怎么做？如果你不灵活或者很刻板，你会怎么做？"

   b. "如果你觉得有人真的不喜欢你，然而他们却从他们的午餐里拿出一块饼干给你，并邀请你和他们一起玩游戏，你会怎么想？"在这个情境中加入"刻板"这个词。"如果你不灵活或者很刻板，你会怎么做？"

7. 总结这些情境：灵活不仅仅是指扭曲某物，它也涉及改变想法、考虑新的信息或改变正在做的事情。区分灵活和屈服。

8. 分发课堂材料：有趣的橡皮泥配方和制作橡皮泥所需的材料。根据配方自制橡皮泥。教师也可以选择购买橡皮泥，而不是亲自制作。

9. 在告示板上张贴"灵活"和"刻板"的单词及其定义。

> 记得在 GWPDC 上勾选完成这个步骤！

第六课　讲义

灵活性的乐趣

詹姆斯·赖特是一位实验室里的思想家，生活在20世纪40年代的第二次世界大战期间。当时，从树上提取的天然橡胶严重短缺，而士兵们急需橡胶来制作靴子和轮胎。赖特发明了一种能延展的弹性物质，将其压在漫画纸上时可以完美复制内容。然而，赖特的橡皮泥对于靴子或轮胎来说太黏稠了，因此他放弃了这个发明。

橡胶轮胎 　　　　　　　　橡胶长靴

几年后，一个名叫彼得·霍奇森的商人在一个聚会上看到了赖特发明的橡皮泥。就像那团黏稠的物质一样，霍奇森展现了他的灵活性。他想出了这种物质的新用途——把它放进一个色彩鲜艳的塑料蛋壳里，起个脍炙人口的商品名，然后把它作为玩具销售出去。在过去50年间，孩子们一直在玩这种能拉伸的、富有弹性的橡皮泥。它甚至曾经进入外太空。宇航员们在乘坐阿波罗8号飞船飞往月球时曾使用它来固定工具！

第六课　讲义

有趣的橡皮泥配方

成分表

配料：

- 2 杯白胶
- 2 杯水
- 自选食用色素
- 1 茶匙硼砂

制作方法：

1. 将白胶、1.5 杯水和食用色素放入一个碗中搅拌，直到不再粘手。这就是你的胶水溶液了。

2. 在另一个碗中，将 1 茶匙硼砂溶解在 0.5 杯水中。

3. 将硼砂溶液加入胶水溶液中。

4. 两种溶液混合后，会形成一团非常厚重的黏液。用干净的手揉搓黏液使其充分混合。这大约需要 10 分钟。

5. 愉快地玩你的橡皮泥吧！

第六课

结束
课堂练习和家庭练习

⭐ 总结
🕐 5 分钟

活动所需材料

🛒 — 需自行准备：

- 铅笔（学生每人一支）
- 视觉化小组强化物
- 每个学生的 UOT 笔记本

✂ — 本书已含材料：

- 课堂练习 6
- 家庭练习 6

指导说明

学生将复习家庭练习，并完成"目标—原因—计划—执行—检查"（GWPDC）的检查部分。

1. 分发家庭练习表。大声朗读目标。询问学生他们将和谁一起完成家庭练习。让学生知道，下次上课时，带来完成好的家庭练习表的学生将获得 1 积分。这个家庭练习的重点是 GWPDC。

建议

★ 遵循一致的流程复习和完成家庭练习。例如，复习家庭练习，监督所有学生将表格放入他们的家庭作业文件夹中，监督所有学生将作业内容写在家庭作业计划本上。

2. 引导学生将本次课程的所有作业资料归档到他们的 UOT 笔记本中。

3. 大声朗读第六课的目标。询问学生是否能够实现目标。询问学生是什么帮助他们实现了目标。

4. 复习计划。询问学生是否能够执行计划。有无法完成的步骤吗？是否需要修改计划？

建议

★ 制作橡皮泥活动需要学生之间进行大量互动，并且由于所有材料都是必需的，可以提供机会让学生反思并计划如何调整活动。

5. 提醒学生他们正在为获得一个小组的大奖励而努力。每天你会将他们的积分累加到积分库里。当他们累到_____积分时，他们将获得一次小组庆典或一份奖品。

建议

★ 在课堂上，如果你发现学生正在坚持执行计划或遵守行为准则，请提醒他们努力的目标，并给予相应的强化。"你们使用尊重他人的词汇并赢得了积分，做得很棒。我们的积分数让我们更接近目标派对了。"

6. 向所有与学生互动并能帮助学生练习新技能的教师分发课堂练习讲义，这对学生来说可能大有帮助。

锁定目标 灵活达成（第2版）
Unstuck and On Target!

主题 2 **第六课**

课堂练习 6

课堂总结：你还记得小时候玩橡皮泥的样子吗？今天在小组中，学生了解了橡皮泥的故事，它曾经被人试图当作橡胶替代品，结果无法发挥作用。正因为如此，它被发明者当作垃圾扔掉了。但后来有人持开放的心态，将其制成了玩具。这启发了学生：他们也可以灵活地应对生活中的事件并产生好的结果。

为了支持你的学生学习和泛化，你可以：

1. 指出灵活不仅有可以弯曲的意思，还包括：

    - 改变想法
    - 考虑新信息
    - 接受意外的改变或事件
    - 改变你正在做的事情

2. 区分灵活和屈服：

    - "**灵活应对**帮助我得到我想要的一部分东西。"

3. 识别你自己、书中的角色或历史人物灵活应对并取得好结果的时刻。例如：

    - "还有其他方法能解决这个问题吗？有很多种办法可以得到正确答案。"
    - "如果斯图尔特·利特尔更**灵活**一些，即使独木舟没有按他计划的那样行得通，他仍然可以和哈里特玩得很开心。"
    - "玛丽·居里是如何**灵活应对**事件的？这对她有什么帮助？"

主题 2：什么是灵活性？

第六课

家庭练习 6

你的孩子今天参加了 *UOT* 课程中的第六次小组课。

课程总结：你还记得小时候玩橡皮泥的样子吗？今天在小组中，你的孩子了解了橡皮泥的故事，它曾经被人试图当作橡胶替代品，结果无法发挥作用。正因为如此，它被发明者当作垃圾扔掉了。但后来有人持开放的心态，将其制成了玩具。这启发了孩子：他们也可以灵活地应对生活中的事件并产生好的结果。

在家中，你可以：

1. 指出灵活不仅有可以弯曲的意思，还包括：
   - 改变想法
   - 考虑新信息
   - 接受意外的改变或事件
   - 改变你正在做的事情

2. 区分灵活和屈服：
   - "**灵活应对**帮助我得到我想要的一部分东西。"

3. 觉察你或你的孩子灵活地应对事件，使得事情有了好结果的时刻。例如：
   - "是否有另一种解决这个问题的方法？有很多方法可以得到正确的答案。"
   - "当你做了_____时，我觉到你很**灵活**，而且事情进展得很顺利！"
   - "感谢你在_____方面**灵活应对**，这让事情变得容易多了。"

4. 谈论电视、新闻或书中的人物灵活应对时产生的好结果。例如：
   - "你注意到他是如何**灵活应对**的吗？他依然得到了他想要的东西。"
   - "如果那时她没有**灵活应对**，后面会发生什么？"

135

锁定目标 灵活达成（第2版）
Unstuck and On Target!

第七课　陷入困境

目标

这节课延伸了灵活性的概念，让学生能够将其与困境的概念进行比较。同时，也将学生对刻板的理解与困境的概念化联系起来。本节课包含两项活动。

活动所需材料

— 需自行准备：
- 白板或大张纸
- 白板笔或记号笔
- 胶带
- 3 张小纸片（分别标识数字 1、2、3）
- 木质雪糕棍或压舌板
- 橡皮泥（或类似的物质）
- 铅笔
- 视觉化小组强化物
- 每个学生的 *UOT* 笔记本

— 本书已含材料：
- 第七课的 GWPDC
- 快问快答的问题
- 讲义：神秘词 2
- 教师指导：神秘词 2 参考答案
- 讲义：*UOT* 词典：困境
- 课堂练习 7
- 家庭作业 7

主题 2：什么是灵活性？

第七课

导入	复习 & 游戏
复习 GWPDC 和快问快答	5 分钟

活动所需材料

– 需自行准备：
- 白板或记录纸，以及合适的记号笔
- 胶带
- 3 张小纸片（分别标识数字 1、2、3）

– 本书已含材料：
- 第七课的 GWPDC
- 快问快答的问题

指导说明

1. 在上课前，将 GWPDC 张贴在白板上。

2. 与小组一起复习 GWPDC。

3. 完成快问快答活动。

* 完整的操作说明和技巧请参考 GWPDC 和快问快答活动的指导说明（主题 1 第二课）。

强化！
鼓励学生在不知道答案时寻求同伴的支持。对他们合作的行为进行表扬。

目标（Goal）：理解灵活的思维方式是什么意思。

原因（Why）：灵活应对让我有更多选择。

计划（Plan）：

1. 快问快答。
2. 揭示神秘词 2。
3. 角色扮演。
4. 复习家庭练习。

执行（Do）：执行计划并获得积分。

> **检查（Check）**：进展如何？我们完成计划了吗？我有时发现自己陷入困境是_____。

快问快答的问题

1. 查看情绪目标：你现在会给自己的情绪强度评几级？

2. 如果你想要绿色的记号笔但有人正在使用它，你可以如何灵活应对？

3. 回想情绪链。你能控制哪一个步骤？（给你一个提示：你能控制的步骤会影响到其他人的感受、结果以及你最终的感受。）

第七课

活动 1

神秘词：困境

个人或小组活动

10 分钟

活动所需材料

— 需自行准备：
- 白板或记录纸和合适的记号笔

— 本书已含材料：
- 讲义：神秘词 2
- 教师指导：神秘词 2 参考答案
- 讲义：UOT 词典：困境

指导说明

1. 让学生反思一下如何保持思维灵活，并回顾第六课的词汇和活动。确保他们记得橡皮泥的故事。

2. 发放讲义"神秘词 2"（每人一份或每组一份）。要求学生看讲义上的人物和物品图片，找出它们的共同之处（它们都陷入了困境）。

3. 当学生发现"困境"这个词后，向学生解释：当他们灵活应对时，总是有其他选择，因此他们不会真正陷入困境。灵活的人会保持开放的心态。这可能是学生第一次听到"开放的心态"这个表述。提醒学生，当他们灵活并保持开放的心态时，他们会拥有很多选择。在与学生的对话中，持续使用"开放的心态"这一表述。

4. 再次跟学生强调，如果他们选择灵活应对，就会有更多的选择。然而，当他们陷入困境时，他们只有一个选择——继续被困在困境中。

5. 在复习以下示例时，创建一个流程图。参考示例，使用绿色记号笔标出灵活应对的部分，用红色记号笔标出陷入困境的部分，以清晰展示两者之间的区别。

U锁定目标 灵活达成（第2版）
Unstuck and On Target!

a. 詹姆斯·赖特发明了橡皮泥，但他因为这项发明无法用于原本预期的用途而陷入了困境。与之相反，彼得·霍奇森展现了灵活性，他看到了橡皮泥的潜力。由于他的灵活应对，霍奇森不仅让许多孩子开心地玩上了这种玩具，还因此赚了一大笔钱。

b. 如果两个朋友因为彼此想要玩不同的游戏而陷入困境，最终他们可能什么都玩不成。但是，如果他们都足够灵活，就可以玩很多不同的游戏。

c. 从学生熟悉的情境中举出更多的例子，直到教师觉得学生理解了这个概念。

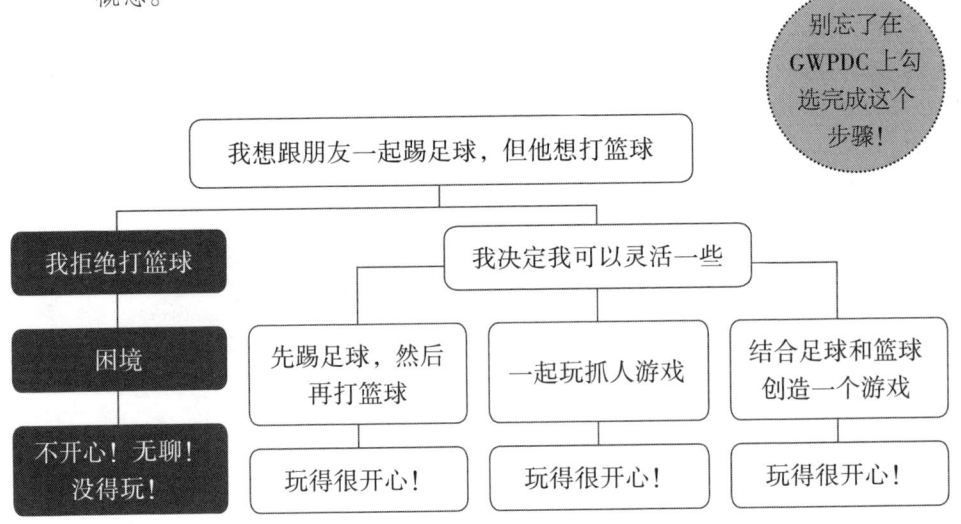

别忘了在GWPDC上勾选完成这个步骤！

我想跟朋友一起踢足球，但他想打篮球

- 我拒绝打篮球
  - 困境
  - 不开心！无聊！没得玩！
- 我决定我可以灵活一些
  - 先踢足球，然后再打篮球 → 玩得很开心！
  - 一起玩抓人游戏 → 玩得很开心！
  - 结合足球和篮球创造一个游戏 → 玩得很开心！

主题2：什么是灵活性?

第七课　讲义

主题 2 TOPIC

神秘词 2

= _____

141

U 锁定目标 灵活达成（第2版）
Unstuck and On Target!

第七课　教师指导

主题 2

神秘词 2 参考答案

= ___困境___

第七课 讲义

UOT 词典

困境	

定义：
• 就像我们的身体会僵硬一样，我们也会因为想法刻板而陷入困境。
	示例与建议：
	• 当我们想法刻板而陷入困境时，我们
	  ○ 不改变我们的想法或者不以不同的方式思考
	  ○ 我们不做与原习惯相悖的事情。
	• 当我们陷入困境时，我们只有一种选择：继续被困在困境中。
	• 当我们灵活应对时，我们不会陷入困境。
	• 当我们灵活应对时，我们有很多选择。

锁定目标 灵活达成（第2版）
Unstuck and On Target!

第七课

活动 2

灵活 / 刻板的角色扮演

小组活动

5~10 分钟

活动所需材料

– 需自行准备：

- 白板或记录纸以及合适的记号笔
- 木质雪糕棍或压舌板（每个学生一根）
- 橡皮泥（或类似的物质）

指导说明

1. 给每位学生分发一根木质雪糕棍或压舌板和一小块橡皮泥。

2. 表演以下情境（如有需要，可请助教协助）。学生观看时，需判断每个情境中的人是刻板的还是灵活的。表演完每个情境后，请学生投票表决：如果角色刻板，举起木质雪糕棍或压舌板；如果角色灵活，则举起橡皮泥。

a. 你正在找自己没有的一种颜色的记号笔，但是找不到。于是你完全放弃在白板上写东西。

b. 再次寻找自己没有的一种颜色的记号笔。当你找不到时，你决定使用手上有的另一种颜色的记号笔，并用它在白板上写上"我爱我的学生"或其他学生喜欢看到的字眼。当学生投票判断这个情境展示了灵活还是刻板时，强调记号笔的颜色并不重要，最重要的是表达的信息内容。用一种不是自己偏好的颜色的记号笔来表达这个重要信息，远比完全放弃要好得多。

c. 再次表演结果截然不同的两个情境，如找不到喜欢的衣物、找不到喜欢的玩具等。再次强调灵活应对的优点。

d. 如果时间充裕，教师可以让学生表演更多情境，也可以请学生讲述在不同情境下灵活应对的优势。

3. 活动结束时，强调灵活性的优势和陷入困境的负担。简单总结目前为止主题 2 中所涵盖的词汇和活动。

> 别忘了在 GWPDC 上勾选完成这个步骤！

第七课

结束
课堂练习和家庭练习

⭐ 总结
🕐 5 分钟

活动所需材料

— 需自行准备：
- 铅笔（学生每人一支）
- 视觉化小组强化物
- 每个学生的 UOT 笔记本

— 本书已含材料：
- 课堂练习 7
- 家庭练习 7

指导说明

学生将复习家庭练习，并完成"目标—原因—计划—执行—检查"（GWPDC）的检查部分。

1. 分发家庭练习表。大声朗读目标。询问学生他们将和谁一起完成家庭练习。让学生知道，下次上课时，带来完成好的家庭练习表的学生将获得 1 积分。

建议

★ 遵循一致的流程复习和完成家庭练习。例如，复习家庭练习，监督所有学生将表格放入他们的家庭作业文件夹中，监督所有学生将作业内容写在家庭作业计划本上。

2. 引导学生将本次课程的所有作业资料归档到他们的 UOT 笔记本中。

3. 对着全班大声朗读第七课的目标。询问学生是否能够实现目标。请学生指出是什么帮助他们实现了目标。

4. 复习计划。询问学生是否能够执行计划。有无法完成的步骤吗？是否需要修改计划？

5. 提醒学生他们正在为获得一个小组的大奖励而努力。每天你会将他们的积分累加到积分库里。当他们累到_____积分时，他们将获得一次小组庆典或一份奖品。

建议

★ 在课堂上，如果你发现学生正在坚持执行计划或遵守行为准则，请提醒他们努力的目标，并给予相应的强化。"你们使用尊重他人的词汇并赢得了积分，做得很棒。我们的积分数让我们更接近目标派对了。"

6. 向所有与学生互动并能帮助学生练习新技能的教师分发课堂练习讲义，这对学生来说可能大有帮助。

第七课

课堂练习7

课堂总结：学生学到，当他们灵活应对时，总是有许多选择，因此他们永远不会陷入困境。灵活的人保持着开放的心态。

为了支持你的学生学习和泛化，你可以：

1. 提醒学生，当他们保持灵活和开放的心态时，他们会有很多选择：

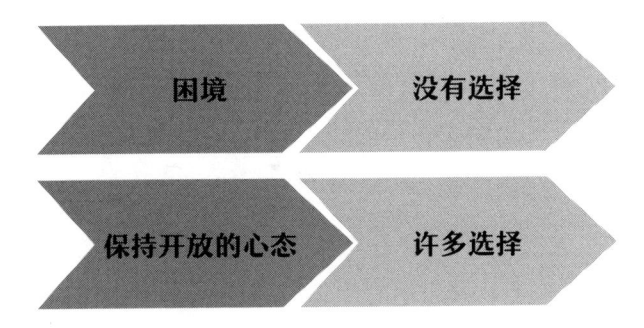

困境 → 没有选择

保持开放的心态 → 许多选择

2. 区分保持开放的心态和屈服：

- "当我**保持开放的心态**时，我总是有更多的选择。有更多选择并不等同于屈服。"

3. 识别你自己、书中的角色、历史政治人物遇到困境或没有保持开放的心态所导致的不良后果。例如：

- "他们俩想要不同的东西，所以陷入了**困境**。现在他们俩都无法得到自己想要的东西。如果他们每个人都**保持开放的心态**，情况会怎样？"

- "今天上班我花了很长时间翻找出我想穿的那双鞋子，这让我陷入了**困境**，结果我迟到了。如果当时我**保持开放的心态**，事情会是怎样的？"

第七课

家庭练习 7

你的孩子今天参加了 UOT 课程中的第七次小组课。

课堂总结：你的孩子学到，当他们灵活应对时，总是有许多选择，因此他们永远不会陷入困境。灵活的人保持着开放的心态。

在家中，你可以：

1. 提醒你的孩子，当他们因为某事无法发生而陷入困境时，他们毫无选择。但当他们保持灵活和开放的心态时，他们会有很多选择：

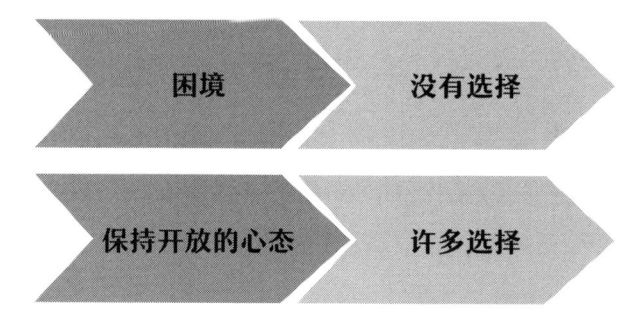

困境 → 没有选择

保持开放的心态 → 许多选择

2. 区分保持开放的心态和屈服：

- "当我**保持开放的心态**时，我总是有更多的选择。有更多选择并不等同于屈服。"

3. 识别你自己、书中的角色、电视上的人物遇到困境或没有保持开放的心态时所导致的不良后果。例如：

- "今晚我真的很想吃我们最喜欢的意大利面，但家里没有了，所以我去了两家不同的商店购买那种意大利面。这让我陷入了**困境**，导致晚餐太迟了。如果我**保持开放的心态**，会发生什么呢？"

- "我从来没有吃过那个东西，我觉得我不会喜欢吃它。我要不要**保持开放的心态**尝试一下？"

主题 2　成长报告

学生姓名：＿＿＿＿＿＿＿＿＿＿＿＿＿＿　　日期：＿＿＿＿＿＿＿＿＿＿＿＿＿＿

教师姓名：＿＿＿＿＿＿＿＿＿＿＿＿＿＿

在过去几周中，我们在主题 2 中教授了以下技能和概念：

- 身体灵活性
- 身体僵硬
- 心理灵活性
- 困境

主题 2 技能	总是	有时	没有
1. 能够定义或识别身体的灵活性或刻板			
2. 能够定义思维灵活的含义			
3. 能够定义陷入困境的含义			
小组的一个成就：			
需要继续努力的地方：			

＿＿＿＿＿＿＿＿＿＿＿＿＿＿＿＿（老师签字）

（请撕下并返还已签名的单据，确认你已收到进度报告）

- -

我收到了 UOT 课程的成长报告

＿＿＿＿＿＿＿＿＿＿＿＿＿＿＿＿（家长签字）日期：＿＿＿＿

主题 3　如何保持灵活？

> 特别说明：该课程的核心目标是帮助学生养成使用灵活性相关脚本的习惯。为了最有效地教授学生，统一的词汇库非常重要。相同的脚本必须反复使用，并且在家庭和学校之间保持一致。不应该用大事/小事脚本来告诉学生他们认为很严重的大事其实是小事。有选择/无选择脚本只有在情境中"有选择"多过"无选择"的时候才生效，且"无选择"应只用于真正没有选择的情况。例如，学生在火灾警报响起时必须离开建筑物，而不是学生现在必须写完这篇作文。小组负责人应根据学生的需要来调整活动内容。

总结：主题 3 的目标是结合之前介绍的 GWPDC 教授学生 5 个关于自我调节的脚本，为他们提供一套有效管理自己行为的认知操作程序。5 个脚本分别是 A 计划→B 计划、协商、大事/小事、有选择/无选择以及应对意外。学生将通过反复练习这些脚本，结合视觉化强化奖励，在学校和家庭的多项活动中灵活运用，最终实现学生、教师和家长能够自动化地使用这些脚本。

先备技能：理解灵活性的含义（主题 1）；熟悉灵活性的相关词汇（主题 2）。

相关技能：语言理解的核心能力，参与小组讨论和活动的能力。

成果——掌握标准

1. 在成年人提供最少辅助的情况下，学生运用"A 计划→B 计划"和"协商"的脚本，在原计划失败或被伙伴否决时，制订可替代的行动计划。

2. 在成年人提供最少辅助的情况下，学生运用"大事/小事"的脚本来评估情况并做出应对。

3. 在成年人提供最少辅助的情况下，学生运用"有选择/无选择"的脚本来评估情况并做出选择或接受相应的要求。

4. 在成年人提供最少辅助的情况下，学生运用"应对意外"的脚本来完成或接受某件非常规的事情。

主题背景与基本原理

灵活应对是一种自我调节技能。个体通过内化的自我对话来掌握自我调节技能。然而，有执行功能困难的学生需要明确的自我调节指导，通过具体的自我对话来学会灵活应对。只有在这些关键的自我调节脚本被内化的情况下，学生才能真正掌握这种技能：（1）教师和家长在与学生的互动中习惯性地使用这些脚本；（2）反复练习；（3）接受视觉化的强化奖励。选取这5个脚本的理由如下：

- **A 计划→B 计划**这一强大脚本，让学生在事情未按计划展开时能够重整思路。它帮助学生认识到问题可能出在计划本身，而不是责怪他人或自己，从而抓住机会制订一个甚至多个新计划。许多不灵活的学生意识到，在事情不如设想时，还有许多计划和选项（如计划B、C、D等）可供选择，他们会感到极度兴奋。

- **大事/小事**这个自我调节脚本帮助学生区分重要与不重要的事情，减少他们对不重要的事情的焦虑，并更严肃地对待重要的事情。它还提供了"大事化小"的策略，帮助学生自主决定什么是大事、什么是小事。

- 通过**有选择/无选择**这个自我调节脚本：（1）区分可以改变和无法改变的事情；（2）打破固执的思维模式，停止试图影响无法改变的事情。

- **应对意外**这个脚本为学生提供了逐步适应意外情况的方法。对于依赖常规日程的有执行功能困难的学生来说，变化或期望被打破时，他们容易心烦意乱。因此，教授他们应对策略以处理常规被打破的情况尤为重要。

- **协商** 这个脚本为学生提供了与他人协商的策略，避免"全或无"的解决方案。通过协商，双方都能得到部分自己想要的东西。

第八课　A 计划→B 计划

🎯 目标

在这节课中，学生将继续为灵活性概念构建词汇基础。本节课包含三项活动。

活动所需材料

🛒 – 需自行准备：

- 白板或记录纸
- 记号笔或白板笔
- 胶带
- 3 张小纸片（分别标识数字 1、2、3）
- 计时器
- 铅笔
- 视觉化小组强化物
- 每个学生的 *UOT* 笔记本

✂ – 本书已含材料：

- 第八课的 GWPDC
- 快问快答的问题
- 讲义：神秘词 3
- 教师指导：神秘词 3 参考答案
- 讲义：*UOT* 词典：A 计划→B 计划
- 讲义：制订 A、B、C 计划
- 课堂练习 8
- 家庭练习 8

主题 3：如何保持灵活？

第八课

导入	复习 & 游戏
复习 GWPDC 和快问快答	5 分钟

活动所需材料

– 需自行准备：
- 白板或记录纸和合适的记号笔
- 胶带
- 3 张小纸片（分别标识数字 1、2、3）

– 本书已含材料：
- 第八课的 GWPDC
- 快问快答的问题

指导说明

1. 在课程开始前，将 GWPDC 写在白板上。

2. 与小组一起复习 GWPDC。

3. 完成快问快答活动。

* 完整的操作说明和技巧请参考 GWPDC 和快问快答活动的指导说明（主题 1 第二课）。

强化……
提供个人经验。学生喜欢听教师分享自己的个人经历。分享你在情绪目标的不同情绪等级上下波动的经历。

目标（Goal）：学会在 A 计划失败时制订 B 计划。

原因（Why）：B 计划是我们的备用方案。

计划（Plan）：

1. 进行快问快答环节。
2. 揭示神秘词 3 并开启词典。
3. 制订 A、B、C 计划。
4. 复习家庭练习。

执行（Do）：执行计划并获得积分。

155

> 检查（Check）：进展如何？我们达成目标了吗？我们需要一个 B 计划吗？

快问快答的问题

1. 当你感受到第 5 级情绪强度的情绪时，你可以采用哪种应对策略？

2. 对我来说有效的两种应对策略分别是_____和_____。

3. _____让我感受到第 4 或 5 级情绪强度的情绪。为了恢复到第 1 级情绪强度，我会使用_____应对策略。

4. 陷入困境和灵活应对之中的哪个给你更多的选择？

5. 如果你因为铅笔尖断了而陷入困境，你会怎么做？什么是灵活应对的做法？（提供两个选项。）

6. 说出一件让你难过的事情和一件让你开心的事情。

主题3：如何保持灵活？

第八课

A→B 活动 1
神秘词：A 计划→B 计划

个人或小组活动
⏱ 10 分钟

活动所需材料

🛒 – 需自行准备：
- 白板或记录纸
- 白板笔或记号笔

✂ – 本书已含材料：
- 讲义：神秘词 3（每个学生或每个小组一份）
- 教师指导：神秘词 3 参考答案
- 讲义：*UOT* 词典：A 计划→B 计划

指导说明

1. 让学生回顾到目前为止他们学习到的词汇（灵活、困境）。

2. 向每位学生或每个小组分发一份讲义"神秘词 3"。

3. 学生揭示短语"A 计划→B 计划"后，在白板上写下"A 计划"和"B 计划"。

4. 解释人们通常会制订计划来确保事情按照自己的意愿发展。例如，学生可能计划放学后去外面玩。这是学生的 A 计划，即他的第一个计划。

5. 有时候 A 计划无法生效，例如，放学后下雨了。

   a. 如果没有 B 计划，学生可能会因为没有玩耍而抓狂，也可能会因为没有做任何有趣的事儿而感到无聊。

   b. 有了 B 计划，学生就有了备用的好计划。例如，学生可以去朋友家里玩游戏。

6. 当学生想 A 计划的同时也考虑到 B 计划时，给予他们奖励。因为这样他们可以更快地做出选择，避免陷入困境。

记得在 GWPDC 上勾选完成这个步骤！

第八课　讲义

主题 3

神秘词 3

使用以下的参考答案来解码并填空。

$\overline{}\ \overline{}\ \overline{}\ \overline{}\ \overline{}$
　16　　12　　1　　14　　1

$\overline{}\ \overline{}\ \overline{}\ \overline{}\ \overline{}$
　16　　12　　1　　14　　2

参考答案

A = 1	G = 7	M = 13
B = 2	H = 8	N = 14
C = 3	I = 9	O = 15
D = 4	J = 10	P = 16
E = 5	K = 11	Q = 17
F = 6	L = 12	R = 18
		S = 19

使用你的解码答案来完成下面的句子。

如果我的＿＿＿＿　＿＿＿＿＿＿不起作用，

我会使用我的＿＿＿＿　＿＿＿＿＿＿。

我灵活应对了！

第八课　教师指导

神秘词 3 参考答案

使用以下的参考答案来解码并完成填空。

$$\frac{P}{16} \quad \frac{L}{12} \quad \frac{A}{1} \quad \frac{N}{14} \quad \frac{A}{1}$$

$$\frac{P}{16} \quad \frac{L}{12} \quad \frac{A}{1} \quad \frac{N}{14} \quad \frac{B}{2}$$

参考答案

A = 1	G = 7	M = 13
B = 2	H = 8	N = 14
C = 3	I = 9	O = 15
D = 4	J = 10	P = 16
E = 5	K = 11	Q = 17
F = 6	L = 12	R = 18
		S = 19

使用你的解码答案来完成下面的句子。

如果我的___A___ ___计划___不起作用，

我会使用我的___B___ ___计划___。

我灵活应对了！

主题 3：如何保持灵活？

159

第八课　讲义

UOT 词典

A 计划→B 计划

定义： 我们所有人都需要一个计划来帮助我们实现目标。 我们每个人都希望事情按照自己的意愿发展。我们首先制订 A 计划。 如果 A 计划不奏效，我们还可以采用 B 计划。	示例与建议： • A 计划并不总是奏效，但这并不是什么大问题，因为我还可以制订 B 计划来帮助我实现目标。 • 有了 B 计划，我就有了备用的好计划。 • 我会记得在制订 A 计划的同时制订 B 计划。

第八课

活动 2
快速的 B 计划

小组活动
10 分钟

活动所需材料

– 需自行准备：
- 白板或记录纸
- 记号笔或白板笔
- 计时器

– 本书已含材料：
- B 计划情境（见下文）

指导说明

告诉学生，你们要玩一个游戏，需要他们快速思考并分享自己的答案。游戏的目标是倾听情境描述，并在 30 秒内尽可能提出多个 B 计划。每提出一个 B 计划，他们小组就会得到 1 积分。30 秒后，描述下一个情境，再次开始计时。

建议

★ 你最了解你的学生，如果计时比赛会让他们感到有负担或焦虑，而不是被激励，请不要使用计时比赛的方式。

★ 你需要平衡学生的需求。如果有学生处理信息的速度较慢或处理听觉信息存在困难，请调整教学方式。例如，将情境写下来，给所有学生相同的时间，并汇总所有的答案。

★ 你可以根据小组的需求调整游戏的奖励方式（例如，计分）。

★ 如果学生难以理解教师的口头语言，请将情境写在白板上。

★ 如果你想鼓励学生有更多的同伴互动，可以让学生两两搭档头脑风暴 B 计划，然后在小组内分享。

U 锁定目标 灵活达成（第2版）
Unstuck and On Target!

★ 你可以根据学生在学校的实际经历，个性化地创建情境描述。

B 计划情境：

1. 你想在课间玩足球，但操场泥泞不堪。

2. 你想吃冰激凌，但有人忘记关好冰箱，导致所有的冰激凌都融化了。

3. 外面在下雨，你不能出去做课间活动了。

4. 你想加入朋友的棒球队，但棒球队已经满员了。

5. 你想穿牛仔裤去学校，但它们正在洗衣机里洗着。

6. 你原本计划早餐吃最喜欢的麦片，但是麦片都被吃光了。

7. 朋友来你家时，你本想和他下象棋，但后来发现他不喜欢下象棋。

记得在 GWPDC 上勾选完成这个步骤！

主题 3：如何保持灵活？

第八课

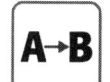

A→B 活动 3
制订 A、B、C 计划

小组或大组
⏱ 10 分钟

活动所需材料

🛒 — 需自行准备：
- 白板或记录纸
- 记号笔或白板笔

✂ — 本书已含材料：
- 目标（见下文）
- 讲义：制订 A、B、C 计划

设置

学生两两搭档，并给每对搭档一份讲义"制订 A、B、C 计划"。在分发作业纸之前，请从下页所列目标中选择不同目标，并在每份作业纸上分别写下。

指导说明

1. 向学生解释，有时候你需要不止一个 B 计划来帮助自己实现目标。有时候你可能需要 B 计划、C 计划、D 计划、E 计划等。告诉他们，今天他们将制订自己的 A 计划、B 计划和 C 计划来实现目标。

2. 在将学生两两分组之前，先以大组形式进行这项活动。读出目标（例如，"享受有趣的玩耍时间"），然后小组进行讨论，制订出帮助实现目标的 A 计划、B 计划和 C 计划。

3. 将学生两两分组。向他们说明他们要为自己的目标编写 A 计划、B 计划和 C 计划。

建议

★ 如果你觉得你的学生还不具备和别人搭档完成任务的能力，这项活动也可以以大组活动的方式进行。

锁定目标 灵活达成（第2版）
Unstuck and On Target!

★ 个性化地定制对你的学生有意义的目标。

小组示例：

目标	与朋友一起度过愉快的时光
为什么	如果我们玩得开心，我会度过愉快的时光，而我的朋友也会想再次相聚
A 计划	在外面玩耍
B 计划	玩电子游戏
C 计划	看电影

目标（可以根据自己的需求创建新目标，或更新表达来吸引小组成员）：

- 在课间玩得开心
- 吃一顿美味的晚餐
- 在测验中取得好成绩
- 放学后放松一下
- 去看棒球比赛

记得在 GWPDC 上勾选完成这个步骤！

主题3：如何保持灵活？

主题 3 TOPIC

第八课　讲义

制订 A、B、C 计划　　A→B

目标	
为什么	
A 计划	
B 计划	
C 计划	

165

第八课

结束
课堂练习和家庭练习

⭐ 总结

🕐 5 分钟

活动所需材料

🛒 – 需自行准备：

- 铅笔（学生每人一支）
- 视觉化小组强化物
- 每个学生的 UOT 笔记本

✂ – 本书已含材料：

- 课堂练习 8
- 家庭练习 8

指导说明

学生将复习家庭练习，并完成"目标—原因—计划—执行—检查"（GWPDC）的检查部分。

1. 分发家庭练习表。大声朗读目标。询问学生他们将和谁一起完成家庭练习。让学生知道，下次上课时，带来完成好的家庭练习表的学生将获得 1 积分。

建议

★ 遵循一致的流程复习和完成家庭练习。例如，复习家庭练习，监督所有学生将表格放入他们的家庭作业文件夹中，监督所有学生将作业内容写在家庭作业计划本上。

2. 引导学生将本次课程的所有作业资料归档到他们的 UOT 笔记本中。

3. 对着全班大声朗读第八课的目标。询问学生是否能够实现目标。请学生指出是什么帮助他们实现了目标。

4. 复习计划。询问学生是否能够执行计划。有无法完成的步骤吗？是否需要修改计划？

5. 提醒学生他们正在为获得一个小组的大奖励而努力。每天你会将他们的积分累加到积分库里。当他们累到_____积分时，他们将获得一次小组庆典或一份奖品。

建议

★ 在课堂上，如果你发现学生正在坚持执行计划或遵守行为准则，请提醒他们努力的目标，并给予相应的强化。"你们使用尊重他人的词汇并赢得了积分，做得很棒。我们的积分数让我们更接近目标派对了。"

6. 向所有与学生互动并能支持他们学习新技能的教师分发课堂练习讲义，这对学生来说可能大有帮助。

锁定目标 灵活达成（第 2 版）
Unstuck and On Target!

主题 2

第八课

课堂练习 8 A→B

课堂总结： 今天学生学习了"A 计划→B 计划"这个新脚本。这个强大的脚本让学生在事情未按计划展开时重整思路，认识到问题出在计划本身，而不再责怪他人或自己，把握机会制订一个甚至多个新计划。许多不灵活的学生意识到，当事情不如设想时还有许多计划和选项（B、C、D 计划等）可供选择，他们会极度兴奋。

为了支持你的学生学习和泛化，你可以：

1. 如果一个学生在试图解一道数学题、交新朋友或其他任何情况下都没有产生好的结果，可以询问学生是否有备用的 B 计划。有时候，学生可能需要他人的帮助来制订一个 B 计划。

   - "如果你的 **A 计划**没有奏效，那你的 **B 计划**是什么？"
   - "我们的 **B 计划**是什么？我们需要考虑 **C 计划**吗？"

2. 特别关注并大声描述自己作为教育者的行动。例如，告诉学生你正在尝试制订 B 计划。

   - "我们本来要做数学题，但是数学题还没做完。我的 **B 计划**是先完成数学探究活动，稍后再做数学题。"

3. 表扬和奖励所有学生保持开放的心态、灵活应对或制订 B 计划的行为。

   - "我很喜欢你**保持开放的心态**并制订了 B 计划！"
   - "你真**灵活**，想出了 C 计划！"

4. 如果你想继续挑战，可以尝试玩《Z 计划》的游戏。

   - 想象一个情境，然后轮流制订新的、有趣的、越来越离谱的计划。

     例如：

     ○（教师）A 计划：今天数学课上玩环游世界游戏

168

- ○（学生）B 计划：数学课上制作闪卡
- ○（教师）C 计划：用《春天在哪里》的调子唱数学公式
- ○（学生）D 计划：在操场上做数学题
- ○（教师）E 计划：躲在桌子下做数学题
- ○（学生）F 计划：边抛豆袋边做数学题
- ○（教师）G 计划：用方言说数学公式
- ○ 类似这样，尽可能多地说出各种不同的计划。
- 这些计划不一定都很好，重点是展示当我们保持开放的心态、不拘泥于 A 计划时，我们有这么多的选择。

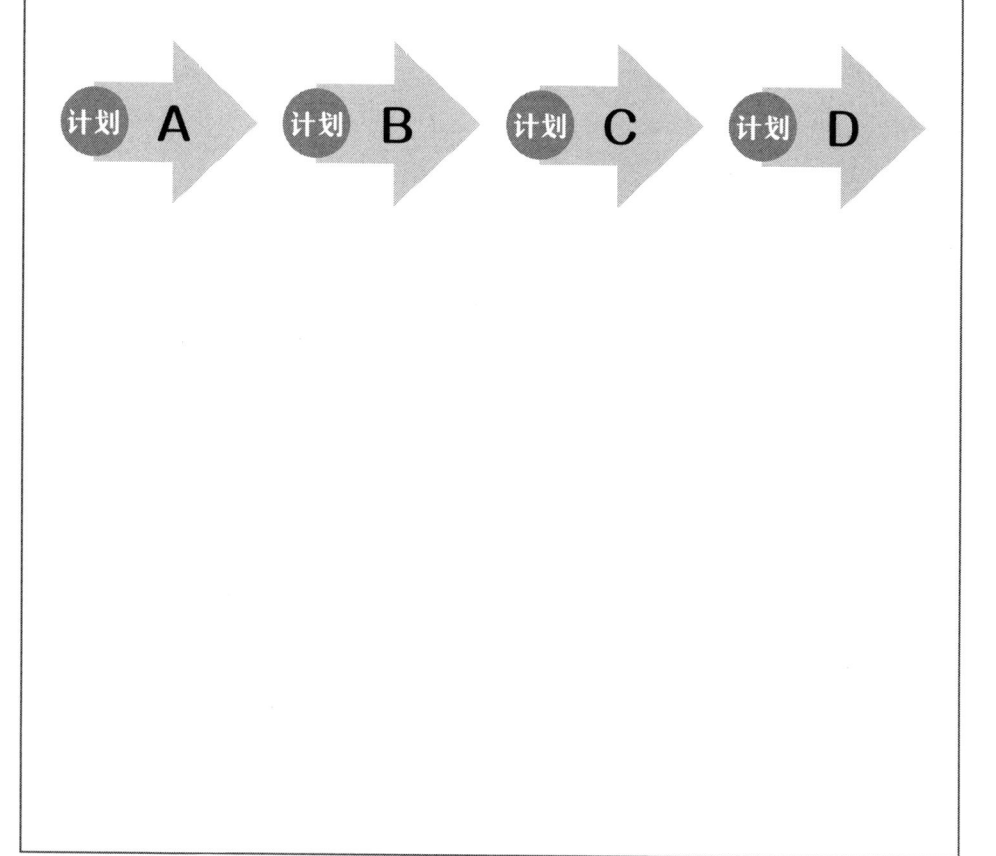

计划 A → 计划 B → 计划 C → 计划 D

第八课

主题 2

家庭练习8   A→B

你的孩子今天参加了 *UOT* 课程中的第八次小组课。

课程总结：今天你的孩子学习了"A 计划→B 计划"这个新脚本。这个强大的脚本让学生在事情未按计划展开时重整思路，认识到问题出在计划本身，而不再责怪他人或自己，把握机会制订一个甚至多个新计划。许多不灵活的学生意识到，当事情不如设想时还有许多计划和选项（B、C、D 计划等）可供选择，他们会极度兴奋。

在家中，你可以：

1. 下次当你需要想出一个备用的 B 计划时，和你的孩子大声地分享你的想法。

例如：

- "我今天本来打算穿红色毛衣，但它还在洗衣机里。我选择穿这件作为我的备选项。"

2. 当有合适的机会时，你可以请孩子帮助你想出一个备用的 B 计划：

- "这牛奶酸了。我需要一个 B 计划解决我的早餐！我的 B 计划是什么呢？"

3. 赞扬你的孩子保持开放的心态、灵活应对或想出了一个备用的 B 计划的行为。

- "我很喜欢你保持**开放的心态**并制订了 B 计划！"
- "你真**灵活**，想出了 C 计划！"

4. 如果你想继续挑战，可以尝试玩《Z 计划》的游戏。

- 想一个问题情境，然后跟你的孩子轮流制订新的、有趣的、越来越离奇的计划。例如：
- （你）A 计划：晚餐吃比萨
- （你的孩子）B 计划：晚餐吃意大利面
- （你）C 计划：跳过晚餐，一整晚让我的肚子饿得咕咕叫
- （你的孩子）D 计划：穿着睡衣在床上吃晚餐
- （你）E 计划：只吃蓝色的东西
- （你的孩子）F 计划：晚餐要把冰箱里的所有东西都吃光
- （你）G 计划：倒立吃晚餐
- 依此类推，只要你能继续下去就好

• 这些计划不一定都很好，重点是展示当我们保持开放的心态、不拘泥于 A 计划时，我们有这么多的选择。

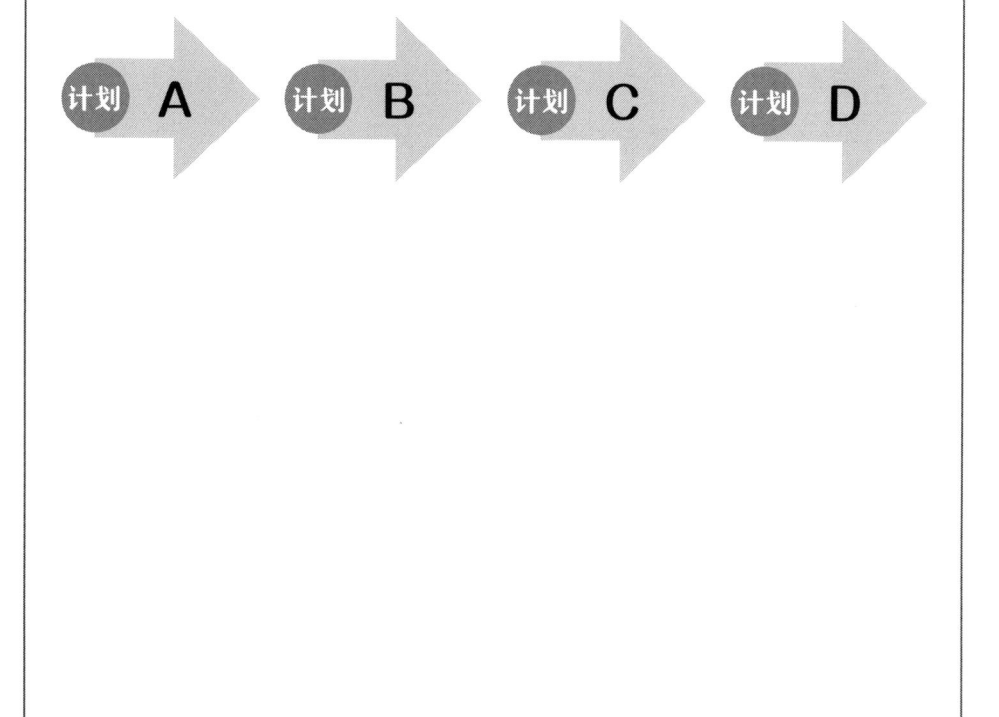

计划 A → 计划 B → 计划 C → 计划 D

第九课　协商

🎯 目标

在这堂课上，学生们继续建立与灵活性相关的词汇基础，新增了"协商"这个词。本节课包含两项活动。

活动所需材料

– 需自行准备：

- 白板或记录纸
- 记号笔或白板笔
- 胶带
- 3 张小纸片（分别标识数字 1、2、3）
- 铅笔
- 视觉化小组强化物
- 每个学生的 UOT 笔记本

– 本书已含材料：

- 第九课的 GWPDC
- 快问快答的问题
- 讲义：神秘词 4
- 教师指导：神秘词 4 参考答案
- 讲义：UOT 词典：协商
- 课堂资料：协商游戏卡
- 课堂练习 9
- 家庭练习 9

主题 3：如何保持灵活？

第九课

导入	复习 & 游戏
复习 GWPDC 和快问快答	5 分钟

活动所需材料

- 需自行准备：
- 白板或记录纸和合适的记号笔
- 胶带
- 3 张小纸片（分别标识数字 1、2、3）

- 本书已含材料：
- 第九课的 GWPDC
- 快问快答的问题

指导说明

1. 在课程开始前，将 GWPDC 写在白板上。

2. 与小组一起复习 GWPDC。

3. 完成快问快答活动。

* 完整的操作说明和技巧请参考 GWPDC 和快问快答活动的指导说明（主题 1 第二课）。

强化……
记忆能力
"上次小组活动中的内容你记得真清楚，我认为你真的很用心听课了。"

目标（Goal）：学会如何协商。

原因（Why）：协商帮助我得到一些我想要的东西，有总比没有强。

计划（Plan）：
1. 快问快答。
2. 揭秘神秘词 4 并开启词典。
3. 玩协商游戏。
4. 复习家庭练习。

执行（Do）：执行计划并获得积分。

检查（Check）：进展如何？我们达成目标了吗？你如何评价自己在情绪目标达成上的表现？

快问快答的问题

1. 当你感受到第 4 级或第 5 级情绪强度的情绪时，你可以采用哪种应对策略来帮助自己回到第 1 级感觉"刚刚好"的情绪强度？

2. 如果 A 计划不奏效，我们需要做什么？

3. 如果课间休息时因为下雨了而无法去户外，你有备用的 B 计划吗？

第九课

活动 1	个人或小组活动
神秘词：协商	10 分钟

活动所需材料

– 需自行准备：
- 白板或记录纸
- 记号笔或白板笔

– 本书已含材料：
- 讲义：神秘词 4
- 教师指导：神秘词 4 参考答案
- 讲义：UOT 词典：协商

指导说明

1. 首先复习之前学过的词汇，如"灵活性"和"保持开放的心态"。再次讨论"陷入困境"的含义，强调当一个人陷入困境时，往往会被困在原地，别无选择。询问学生，当他们陷入困境或 A 计划不奏效时可以做些什么（制订 B 计划）。告诉学生，今天他们将学习另一种摆脱困境的方法。

2. 给每位学生或每个小组分发讲义"神秘词 4"。

3. 学生揭示"协商"一词后，教师在白板上写下它，并指出协商的常见策略：每个人都得到部分自己想要的东西，轮流选择，或选择双方都喜欢的新选项。

a. 给学生举协商的例子：

- 每人都得到部分自己想要的东西："我想吃杯子蛋糕，而我丈夫想要冰激凌；我们协商后，一起吃迷你杯形蛋糕配一点冰激凌。"
- 选择新选项："如果你想打棒球，你弟弟想投篮，你们可以协商后改玩橄榄球接球。"

- 轮流:"如果你想在休息时间玩《连连看》,而你朋友想去户外,你们可以协商后,一半时间去户外待着,一半时间一起玩《连连看》。"

b. 提供其他例子,并请学生思考例子中的人可以如何协商。讨论协商与屈服的区别,后者意味着你没有得到任何你想要的东西。给出屈服的例子,并讨论如何协商解决问题。

主题3：如何保持灵活？

第九课 讲义

神秘词 4

comp + 🚶 + M + 👀 = ___ + ___ + ___ + ___

锁定目标 灵活达成（第2版）
Unstuck and On Target!

第九课 教师指导

神秘词 4 参考答案

Comp + [图片] + M + [图片] + row + m + eyes = compromise（协商）

3

第九课　讲义

UOT 词典

	协商
定义： 当两个或更多人想要的东西各不相同时，协商能让每个人都能得到一部分自己想要的东西。 有 3 种协商方式。	示例和建议 3 种协商方式： 1. **每人都得到部分自己想要的东西**：因为我们的想法不同，所以我们会结合每个人的想法做决定，这样每个人都能得到一部分自己喜欢的东西。 2. **选择新选项**：因为我们的想法不同，所以我们会选择一个双方都喜欢的新选项。 3. **轮流选择**：因为我们的想法不同，所以我们会轮流实现各自的想法——先按你的来，再按我的来。

U 锁定目标 灵活达成（第2版）
Unstuck and On Target!

第九课

活动 2
协商游戏

游戏
🕙 10 分钟

活动所需材料

- 需自行准备：
  • 记号笔或白板笔

- 本书已含材料：
  • 游戏情境（见下文）
  • 课堂资料：协商游戏卡

设置

把游戏卡剪下来，正面朝下放在桌子上。

指导说明

1. 提醒学生，协商可以帮助双方得到各自想要的一部分，或者选择一些新选项让双方都满意。如以下表格所示，在白板上写下"A 计划""B 计划""协商""困境""各取所需"和"新选项"。

	A 计划	B 计划		困境
		协商		
		每人都得到部分自己想要的东西	新选项	
杯形蛋糕	香草味蛋糕（1）	巧克力味蛋糕+香草糖霜（2）	草莓味蛋糕（2）	没有杯形蛋糕（4）
游戏	踢足球（1）	踢10分钟足球+打10分钟篮球（1/2）	荡秋千（1）	没人一起玩（5）

分享一些例子来解释说明上面的表格。

180

示例：我想要巧克力味的杯形蛋糕，你想要香草味的。我们可以选择有香草糖霜的巧克力味杯形蛋糕，也可以选择我们都喜欢的草莓味杯形蛋糕。如果我决定只吃巧克力味的而不接受香草味的，最后我们谁都吃不到蛋糕。

请学生根据情绪目标，给自己在各种协商和困境中的感受强度评级。在白板上记录下他们的答案。评级的参考答案可见上页表中括号里的数字。

示例：我想踢足球，但你想打篮球。我们可以踢10分钟足球，然后再打10分钟篮球，我们也可以荡秋千。再次根据情绪目标的强度等级，标上学生对每个选项的感受强度。

2. 游戏。一名学生来到教室前方，给大家朗读一个情境示例。学生从牌堆中抽取一张卡片，卡片上写着"协商"或"困境"。如果他们抽到"协商：选择新选项"，他们需要举例说明一个新选项，作为可能的协商方案。如果他们抽到"协商：每人都得到部分自己想要的东西"，他们需要举例说明一个可能的协商方案，确保每个人都得到部分自己想要的东西。如果他们抽到"困境"，他们需要举例说明如果他们被困在某种情况下会发生什么。然后他们需要使用情绪目标来给自己在协商或者困境中的感受强度评级。学生在完成小组合作后需要给出答案，完成后将获得积分。

游戏情境：

1. 我想玩象棋，你想玩跳棋。
2. 晚餐我想吃比萨，你想吃通心粉和芝士。
3. 我们想一起玩，但你想荡秋千，我想玩抓人游戏。
4. 我想看电视节目，你想看电影。
5. 我想课间休息去户外玩，你想待在教室里。
6. 我们只能选择一种甜点。我想要巧克力曲奇，你想要燕麦饼干。

第九课　课堂资料

协商游戏卡		
协商： 每人都得到部分自己想要的东西	**困境**	**协商：** 选择新选项
协商： 每人都得到部分自己想要的东西	**困境**	**协商：** 选择新选项
协商： 每人都得到部分自己想要的东西	**困境**	**协商：** 选择新选项
协商： 每人都得到部分自己想要的东西	**困境**	**协商：** 选择新选项

第九课

结束　　　　　　　　　　　　　　　　　　　⭐ 总结

课堂练习和家庭练习　　　　　　　　　　🕐 5 分钟

活动所需材料

🛒 — 需自行准备：

- 铅笔（学生每人一支）
- 视觉化小组强化物
- 每个学生的 UOT 笔记本

✂ — 本书已含材料：

- 课堂练习 9
- 家庭练习 9

指导说明

学生将复习家庭练习，并完成"目标—原因—计划—执行—检查"（GWPDC）的检查部分。

1. 分发家庭练习表。大声朗读目标。询问学生他们将和谁一起完成家庭练习。让学生知道，下次上课时，带来完成好的家庭练习表的学生将获得 1 积分。

建议

★ 遵循一致的流程复习和完成家庭练习。例如，复习家庭练习，监督所有学生将表格放入他们的家庭作业文件夹中，监督所有学生将作业内容写在家庭作业计划本上。

2. 引导学生将本次课程的所有作业资料归档到他们的 UOT 笔记本中。

3. 大声朗读第九课的目标。询问学生是否能够实现目标。询问学生是什么帮助他们实现了目标。

4. 复习计划。询问学生是否能够执行计划。有无法完成的步骤吗？是否需要修改计划？

5. 提醒学生他们正在为获得一个小组的大奖励而努力。每天你会将他们的积分累加到积分库里。当他们累到_____积分时，他们将获得一次小组庆典或一份奖品。

建议

★ 在课堂上，如果你发现学生正在坚持执行计划或遵守行为准则，请提醒他们努力的目标，并给予相应的强化。"你们使用尊重他人的词汇并赢得了积分，做得很棒。我们的积分数让我们更接近目标派对了。"

6. 向所有与学生互动并能帮助学生练习新技能的教师分发课堂练习讲义，这对学生来说可能大有帮助。

主题 3：如何保持灵活？

第九课

课堂练习 9

课堂总结：学生学到，当人们想要的东西不同时，需要通过协商来达成一致，这样每个人都能得到一部分自己想要的东西，而有总比没有好。今天学生学到了 3 种协商方法：

每人都得到部分自己想要的东西：	• 因为我们的想法不同，所以我们会结合每个人的想法，这样每个人都能得到一部分自己喜欢的东西。
选择新选项：	• 因为我们的想法不同，所以我们会选择一个大家都喜欢的新选项。
轮流选择：	• 因为我们的想法不同，所以我们会轮流实现各自的想法——先按你的来，再按我的来。

为了支持你的学生学习和泛化，你可以：

1. 如果两个或更多的学生想要的东西不同，帮助他们进行协商。更好的情况是，你与学生达成协议。

   • "我准备给你们布置一些作业来确保你们掌握了这些词汇。我知道你们不想做作业。不过，我们可以协商。如果你们通过了预考，我就不布置作业。你们觉得怎么样？"

2. 赞扬并强化奖励所有学生保持开放的心态、灵活应对、想出备用的 B 计划或达成协议的行为。

   • "你和萨米今天**协商**得很好。"
   • "有时候，我们的 B **计划**需要进行**协商**。你能想出一个协商方案来让双方都得到一部分自己想要的东西吗？"

185

第九课

家庭练习 9

你的孩子今天参加了 *UOT* 课程中的第九次课。

课堂总结：当人们想要的东西不同时，需要通过协商来达成一致，这样每个人都能得到一部分自己想要的东西，而有总比没有好。今天你的孩子学到了 3 种协商方法：

每人都得到部分自己想要的东西：	• 因为我们的想法不同，所以我们会结合每个人的想法，这样每个人都能得到一部分自己喜欢的东西。
示例：	• 你的孩子想玩接球，但他的朋友想玩滑梯。他们可以在滑梯上玩接球。
选择新选项：	• 因为我们的想法不同，所以我们会选择一个大家都喜欢的新选项。
示例：	• 因为他们两个人都喜欢玩捉迷藏，所以决定一起玩这个。
轮流选择：	• 因为我们的想法不同，所以我们会轮流实现各自的想法——先按你的来，再按我的来。
示例：	• 他们先玩滑梯，然后再玩接球。

在家中，你可以：

1. 尝试与你的孩子达成一个合理的协议。

 • "我需要去一趟超市和药店。我知道你不喜欢去超市或药店，但我们可以协商一下。如果你在超市表现得好，我们就不去药店了，回家后我还陪你玩游戏。你觉得怎么样？"

2. 赞扬并强化奖励你的孩子保持开放的心态、灵活应对、想出备用的 B 计划或达成协议的行为。

- "你和萨米今天**协商**得很好。"
- "有时候，我们的 **B 计划**需要进行**协商**。你能想出一个协商方案来让双方都得到一部分自己想要的东西吗？"

第十课　大事 / 小事

🎯 目标

学生、教师和家长一起学习"大事 / 小事"脚本，并将其融入日常交流。本节课包含三项活动。

活动所需材料

– 需自行准备：
- 白板或大张纸
- 白板笔或记号笔
- 胶带
- 3 张小纸片（分别标识数字 1、2、3）
- 标记胶带
- 铅笔
- 视觉化小组强化物
- 每个学生的 UOT 笔记本

– 本书已含材料：
- 第十课的 GWPDC
- 快问快答的问题
- 讲义：神秘词 5
- 教师指导：神秘词 5 参考答案
- 讲义：UOT 词典：大事 / 小事
- 课堂资料：大事 / 小事卡
- 讲义：大事 / 小事等级量表
- 课堂练习 10
- 家庭作业 10

主题 3：如何保持灵活？

第十课

导入	复习 & 游戏
复习 GWPDC 和快问快答	5 分钟

活动所需材料

— 需自行准备：
- 白板或记录纸，以及合适的记号笔
- 胶带
- 3 张小纸片（分别标识数字 1、2、3）

— 本书已含材料：
- 第十课的 GWPDC
- 快问快答的问题

指导说明

1. 在上课前，将 GWPDC 张贴在白板上。

2. 与小组一起复习 GWPDC。

3. 完成快问快答活动。

* 完整的操作说明和技巧请参考 GWPDC 和快问快答活动的指导说明（主题 1 第二课）。

目标（Goal）：区别大事和小事之间的差别，知道如何大事化小。

原因（Why）：知道如何大事化小可以帮助我感受更好一些。

计划（Plan）：

1. 快问快答问题。
2. 揭示神秘词 5 并开启词典。
3. 大事 / 小事练习。
4. 大事化小。
5. 复习家庭练习。

锁定目标 灵活达成（第2版）
Unstuck and On Target!

> **执行（Do）**：按照计划执行，并获得加分。
>
> **检查（Check）**：进展如何？我们完成计划了吗？如果我们不能完成计划，那是大事还是小事？为什么？

快问快答的问题

1. 判断对错：协商可以帮助我得到部分我想要的东西。
2. 判断对错：有时候，我不可能得到所有我想要的东西。
3. 判断对错：当我陷入困境时，我有很多选择。

> **强化……**
> 合作。
> "我喜欢你们努力合作一起找到答案的样子。"

建议

★ 快问快答的目的是帮助学生做好上课准备，建立一种吸引学生参与小组活动的日常常规，同时为他们提供复习之前课堂所学概念和技能的机会，并为教师评估学生掌握和维持技能的水平提供依据。请根据教学需求随时调整问题和活动形式，以更好地实现教学目标。

★ 如果希望每个学生每天都能回答一个问题，可以准备更多问题。

★ 这是一个不超过5分钟的快速活动。

★ 奖励学生积极参与和合作回答问题的良好行为。

★ 如果学生因未被优先叫到而感到沮丧，可以通过随机选择的方式解决——将每个学生的名字写在小木棒上，放入罐子中，随机抽取小木棒，再叫出对应学生的名字来回答问题。

第十课

D_{OR}**d**	活动 1 神秘词：大事 / 小事	个人或小组活动 10 分钟

活动所需材料

– 需自行准备：
- 白板或记录纸
- 记号笔或白板笔

– 本书已含材料：
- 讲义：神秘词 5
- 教师指导：神秘词 5 参考答案
- 讲义：UOT 词典：大事 / 小事

指导说明

本课程的神秘词是"大事 / 小事"。

1. 首先复习之前学过的词（灵活性、困境、协商）。请学生拿出他们的词典，复习"灵活性""保持开放的心态"的含义。重新审视"困境"的概念，强调一个人陷入困境时，往往被困在原地，别无选择。提醒学生，协商是避免陷入困境的一种方法，今天他们将学习另一种避免陷入困境的方法。

2. 分发讲义"神秘词 5"，学生需要仔细听从你的指令。

按照脚本来帮助学生揭示这些单词：

（1）在第 1 个位置写下单词"DOG"。

（2）将第一个单词的中间字母"O"改为"ICE CREAM"中的第一个字母（I）。

（3）新单词是什么？（DIG）

（4）现在，将第一个字母改为字母表中的第二个字母（B）。

（5）新单词是什么？（BIG）

（6）将 BIG 和 DEAL 组合在一起。（BIG DEAL）

（7）在另一个位置写下单词"LIT"。

（8）双写最后一个字母。（TT）

（9）现在你写了什么？（LITT）

（10）在单词的结尾添加"LOVE"中的第一个字母。（LITTL）

（11）茄子、大象、每个人、蛋，这些词对应的英语单词都以什么字母开头？（E）

（12）将其写在单词的结尾处。

（13）现在单词是什么？（LITTLE）

（14）将 LITTLE 和 DEAL 组合在一起。（LITTLE DEAL）

（15）谁可以大声读出今天的神秘词？（大事/小事；BIG DEAL/LITTLE DEAL）

3. 一旦学生揭示了短语"大事/小事"，在白板上写下这个短语。

4. 分发"大事/小事"这一词典解释页面并进行复习。

别忘了在 GWPDC 上勾选完成这个步骤！

主题3：如何保持灵活？

第十课　讲义

神秘词 5

1. _____ 事（DEAL）

2. _____ 事（DEAL）

193

第十课　教师指导

神秘词 5 参考答案

大事（Big Deal）
DOG–DIG–BIG（大）

小事（Little Deal）
LIT–LITT–LITTL–LITTLE（小）

第十课　讲义

UOT 词典

	大事 / 小事
定义： 小事意味着是可以很快被解决的小问题，不需要很多人来帮忙。大事是需要很长时间才能解决的大问题，并且通常需要很多人来帮忙。	示例和建议： 如果有什么事情让我感觉是个大问题，那没关系，我要找出如何把它变成小问题的办法。 我有策略可以用来大事化小。 如果我遇上了一个大问题，我可以随时寻求帮助。

锁定目标 灵活达成（第 2 版）
Unstuck and On Target!

第十课

活动 2
大事 / 小事练习

小组活动
15 分钟

活动所需材料

- 需自行准备：
  - 白板或记录纸
  - 记号笔或白板笔

- 本书已含材料：
  - 课堂资料：大事 / 小事卡（双面打印在卡纸上）或使用索引卡之类的卡片制作自己的应对卡

指导说明

在这个活动中，学生练习使用新知识。

1. 给每个学生一张大事 / 小事卡。卡片的一面写着"大事"，另一面写着"小事"。或者简单点儿，使用两沓分开的卡片——一沓卡片上写着"大事"，另一沓卡片上写着"小事"。

2. 阅读以下情境，让学生使用卡片为每一个情境投票，判断该情境是大问题还是小问题。根据学生的需求和兴趣调整情境的内容。

a. 你摔断了腿。

b. 你家里一周都没有任何吃的。

c. 在某个活动中，队伍里的第一个人不是你。

d. 午餐时你不能坐在你想坐的地方。

e. 午餐菜单在最后一刻变了。

f. 体育课因为体育老师生病而取消了。

g. 你的宠物死了。

h. 你的朋友插队到你前面，你因此感到很生气，于是打了他。

i. 老师要求你修改你自己写的一篇文章。

j. 因为你拒绝修改作业，你某一门课不及格。

k. 你的朋友相信尼斯湖水怪，但你不信。

l. 你的同学支持了一个你反对的总统候选人。

3. 在白板上记录投票结果，并讨论有意见分歧的情况。

4. 从你与学生的经历中举出更多的例子，也邀请学生提供情境。至少回顾 10 个情境。

建议

★ 学生的主动回应表现，或者让学生通过"做"一些事情来展示他们的课堂参与度，是确保每个人参与课堂、确认理解程度并帮助学生保持注意力的最简单有效的方式。例如，使用索引卡表示"大事/小事"就是学生主动回应的一种表现。如果教师希望让学生更主动地参与，可以随时采用这样的策略。

第十课　课堂资料

大事 / 小事卡

小事	小事	小事
小事	小事	小事
小事	小事	小事
小事	小事	小事
小事	小事	小事

主题 3：如何保持灵活？

主题 3

第十课　课堂资料

大事 / 小事卡

大事	大事	大事
大事	大事	大事
大事	大事	大事
大事	大事	大事
大事	大事	大事

锁定目标 灵活达成（第2版）
Unstuck and On Target!

第十课

D or d　活动 3　大事化小

小组活动
15 分钟

活动所需材料

– 需自行准备：
- 记号笔
- 标记胶带

– 本书已含材料：
- 视觉化资料：大事 / 小事等级量表

指导说明（选择与学生有关且对他们有意义的例子）

1. 向学生说明：有些大事可以变成小事，但有些不能。宠物的死亡对学生来说是一件大事（无法大事化小），他们需要时间和家庭、学校的支持来面对和接受。

2. 但有些情况可以大事化小。例如，一个学生努力撰写了一篇作文，甚至在上面添加了图片，然后别人不小心踩到并碾碎了这篇作文，这对这个学生来说就是一件大事。但如果教师能帮助学生重新打印一份，这件大事就可以变成一件小事。

3. 在一处空旷的地面上粘上一条长胶带。沿着胶带写上数字 1~5，标识等级 5 的对应着大事，等级 1 对应的则是小事。

4. 张贴视觉化材料：大事 / 小事等级量表，确保所有学生都能看到。请阅读以下情境，并根据每个情境对你来说的重要性，将情境写在胶带上对应的数字上。事先说明，每个人对同一情境的感受可能不同，这只是个

> **强化……**
> 鼓励学生们认真思考他们的答案，并自信地给出与同伴不同的评分。
> "我可以看得出你真的认真思考了那个答案，为这个仔细思索的答案加 1 积分。"

200

人的想法。

    a. 你把作业弄丢了。

    b. 你折断了铅笔。

    c. 因为下雨所以课间不能去户外了。

    d. 你的宠物去世了。

    e. 你踢伤了脚趾。

    f. 你和朋友吵架了。

    g. 你不能吃甜点了。

    h. 你输了 20 美元。

    i. 你绊了一跤从楼梯上摔了下来。

    j. 你的科学课考试得了 C。

    k. 你还没来得及保存内容，电脑就死机了。

5. 在阅读了一些情境后，询问学生将如何在不同的情境中大事化小。提供一些建议帮助他们得出结论。然后，请他们移动到代表小事的数字上。

建议

★ 你可以在教室中显眼的地方张贴大事／小事等级量表的视觉图表。我们建议你将其与情绪目标放在一起，因为它们之间有密切的联系。当学生思考"事情的大小"时，要求他们在情绪目标上标记出自己的感受强度。当他们将大事化小时，请他们在情绪目标上标记出自己感受的改变。

★ 确保根据学生的需求和兴趣调整情境。

别忘了在 GWPDC 上勾选完成这个步骤！

第十课　视觉化资料

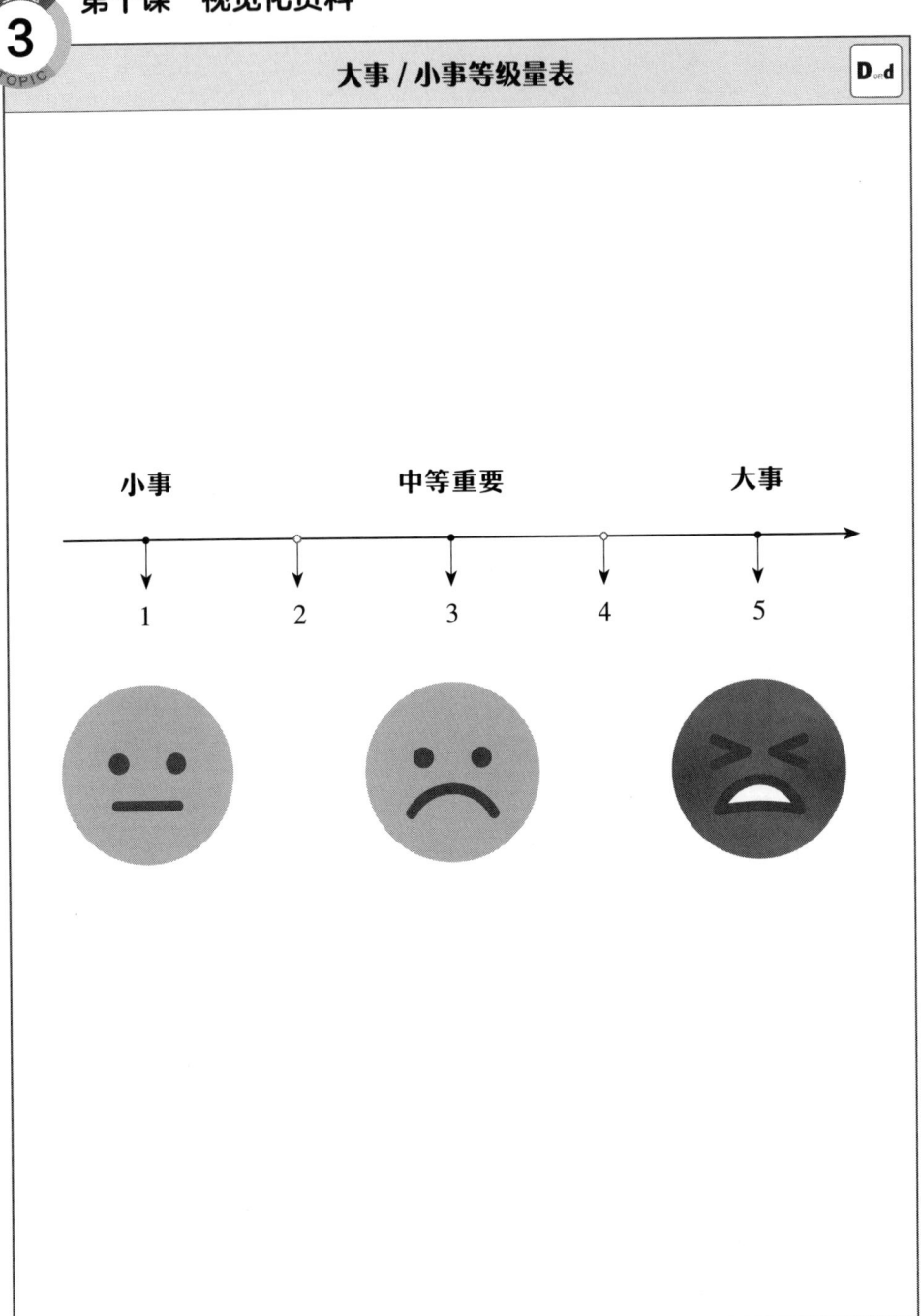

大事 / 小事等级量表

```
        小事              中等重要              大事
    ●────────○────────●────────○────────●───────►
    ↓        ↓        ↓        ↓        ↓
    1        2        3        4        5
```

第十课

结束
课堂练习和家庭练习

⭐ 总结
🕐 5 分钟

活动所需材料

🛒 — 需自行准备：
- 铅笔（学生每人一支）
- 视觉化小组强化物
- 每个学生的 UOT 笔记本

✂️ — 本书已含材料：
- 课堂练习 10
- 家庭练习 10

指导说明

学生将复习家庭练习，并完成"目标—原因—计划—执行—检查"（GWPDC）的检查部分。

1. 分发家庭练习表。大声朗读目标。询问学生他们将和谁一起完成家庭练习。让学生知道，下次上课时，带来完成好的家庭练习表的学生将获得 1 积分。

建议

★ 遵循一致的流程复习和完成家庭练习。例如，复习家庭练习，监督所有学生将表格放入他们的家庭作业文件夹中，监督所有学生将作业内容写在家庭作业计划本上。

2. 引导学生将本次课程的所有作业资料归档到他们的 UOT 笔记本中。

3. 对着全班大声朗读第十课的目标。询问学生是否能够实现目标。请学生指出是什么帮助他们实现了目标。

4. 复习计划。询问学生是否能够执行计划。有无法完成的步骤吗？是否需要修改计划？

5. 提醒学生他们正在为获得一个小组的大奖励而努力。每天你会将他们的积分累加到积分库里。当他们累到_____积分时，他们将获得一次小组庆典或一份奖品。

6. 向所有与学生互动并能帮助学生练习新技能的教师分发课堂练习讲义，这对学生来说可能大有帮助。

第十课

课堂练习10

课堂总结：学生学习了"大事/小事"的自我调节脚本，这能帮助他们区分事情的重要性，从而减少对不重要情况的焦虑或不安，并对重要的事情严肃以待。这个策略还教会学生在可行的情况下将大事化小。最后，它帮助学生自主判断哪些事情对自己来说是大事、哪些是小事。

为了支持你的学生学习和泛化，你可以：

1. 强调，某件事是否是个**大问题**对每个人来说都不一样！

   - 某件事对你来说是个**大问题**，并不意味着对你的学生来说也是如此。例如，对你来说，全班通过拼写测验可能是件**大事**，但对你的学生来说，拼写测验可能只是一件**小事**。或者也可能相反，你的学生觉得测试里每个答案都必须正确，而你认为在拼写测验中得到一个"B"只是一件**小事**。

2. 如果你只是简单告诉学生某件事情并不是个**大问题**，可能并不能奏效。相反，试试这样说：

   - "如果有什么事情你感觉是个**大问题**，那没关系，我会帮你找出如何把大事化为**小事**的办法。"
   - "如果你遇上了一个**大问题**，你可以随时寻求帮助。我们都需要在遇上**大问题**时寻求帮助。"

3. 表扬学生在解决**重大问题**时寻求帮助或能够识别某事是个**小问题**的行为。

   - "这对你来说是**大事**还是**小事**？"
   - "你说得对，感觉这确实像个**大问题**。让我们看看还能找谁帮忙。"

第十课

主题 3

家庭练习 10

你的孩子今天参加了 *UOT* 课程中的第十次小组课。

课程总结：你的孩子今天在小组中学到了"大事"和"小事"的区别。大事是需要很长时间才能解决的大问题，并且通常需要很多人来帮忙。小事意味着可以很快被解决的小问题，不需要很多人来帮忙。

小事　　　　　**大事**

在家中，你可以：

1. 强调，某件事是否是个**大问题**，对每个人来说都不一样！

   - 某件事对你来说是件**大事**，并不意味着对你的孩子来说也是如此。

     a. 例如，对你来说一家人每周日一起吃饭可能是件**大事**，但对你的孩子来说可能**无所谓**，或者也可能反过来。

     b. 或许对你的孩子来说，总是准时对他们来说是件**大事**。而你可能认为迟到 5 分钟只是件**小事**，或者也可能反过来。

2. 不要告诉你的孩子某件事**无足轻重**。相反，可以试着这样说：

   - "如果某件事对你来说是件**大事**，没关系，我会帮你找方法把大事化成**小事**。"

   - "如果你遇到一个**大问题**，你随时可以寻求帮助。我们在面临**大问题**时

主题 3：如何保持灵活？

都需要帮助。"

3. 当你的孩子在处理一个**大问题**时寻求了帮助，或者能认识到某件事对他而言只是**小问题**，请你及时表扬他们。

- "这对你来说是**大事**还是**小事**？"
- "你说得对，感觉这确实像个**大问题**。让我们看看还能找谁帮忙。"

第十一课　有选择/无选择

目标

学生、教师和家长学习有选择/无选择的脚本，并将其融入他们的日常对话中。本节课包含两项活动。

活动所需材料

– 需自行准备：

- 白板或记录纸
- 白板笔或记号笔
- 胶带
- 3 张小纸片（分别标识数字 1、2、3）
- 铅笔
- 视觉化小组奖励
- 每个学生的 UOT 笔记本

– 本书已含材料：

- 第十一课的 GWPDC
- 快问快答的问题
- 讲义：神秘词 6
- 教师指导：神秘词 6 参考答案
- 讲义：UOT 词典：有选择/无选择
- 课堂资料：有选择/无选择卡
- 课堂练习 11
- 家庭练习 11

主题 3：如何保持灵活？

第十一课

导入	⭐ 复习 & 游戏
复习 GWPDC 和快问快答	🕐 5 分钟

活动所需材料

🛒 — 需自行准备：
- 白板或记录纸和合适的记号笔
- 胶带
- 3 张小纸片（分别标识数字 1、2、3）

✂️ — 本书已含材料：
- 第十一课的 GWPDC
- 快问快答的问题

指导说明

1. 在课程开始前，将 GWPDC 写在白板上。

2. 与小组一起复习 GWPDC。

3. 完成快问快答活动。

* 完整的操作说明和技巧请参考 GWPDC 和快问快答活动的指导说明（主题 1 第二课）。

强化……
记忆能力。
"上次小组活动中的内容你记得真清楚，我认为你真的很用心听课了。"

目标（Goal）：弄清楚有选择和无选择的含义。

原因（Why）：通常情况下我有选择，但有时会遇到无选择的情况。我需要知道如何不陷入困境。这将节省我的时间，并帮助我得到更多我想要的东西。

计划（Plan）：

1. 快速问答。

2. 揭示神秘词 6 并开启词典。

3. 选择 / 无选择练习。

4. 复习家庭练习。

执行（Do）：执行计划并获得积分。

检查（Check）：进展如何？我们达成目标了吗？

别忘了在GWPDC上勾选完成这个步骤！

快问快答的问题

1. 当某件事情看起来是件大事时，将它变成小事的一种方法是_____。

2. 如果我想要巧克力味的杯形蛋糕，而我的朋友想要香草味的，我们可以协商后_____。

3. 如果我尖叫和哭泣是因为铅笔断了对我来说是件大事，事情会怎么发展？

主题 3：如何保持灵活？

第十一课

| C ? | 活动 1　神秘词：有选择 / 无选择 | 小组活动　5 分钟 |

活动所需材料

- 需自行准备：
  - 白板或记录纸
  - 记号笔或白板笔

- 本书已含材料：
  - 讲义：神秘词 6
  - 教师指导：神秘词 6 参考答案
  - 讲义：UOT 词典：有选择 / 无选择

指导说明

在这节课上，学生将会接触神秘词"有选择 / 无选择"。

1. 上课前先复习之前学过的词汇（灵活性、困境、协商、大事 / 小事）。让学生拿出他们的词典，复习灵活性和保持开放的心态的含义。重新讨论"困境"的概念，再次强调当一个人陷入困境时，往往会被困在原地，别无选择。告诉学生今天他们将学习另一种避免陷入困境的方法。

2. 给每位学生或每个小组分发讲义"神秘词 6"。

3. 学生将通过跟随手电筒的光照追踪字母来构建单词，以揭示"有选择 / 无选择"这个神秘词。

4. 在 8 张白纸上写上字母 C-H-O-I-C-E N-O。

5. 将这些字母贴在天花板上或教室的墙上。

6. 关掉灯光。用手电筒按顺序照亮每个字母。

7. 每次照亮一个字母，学生应该在他们的神秘词作业纸上写下相应字母。

8. 一旦学生揭示了短语"有选择 / 无选择"，教师就将其写在白板上。

9. 复习"有选择 / 无选择"的词典解释页面。

别忘了在 GWPDC 上勾选完成这个步骤！

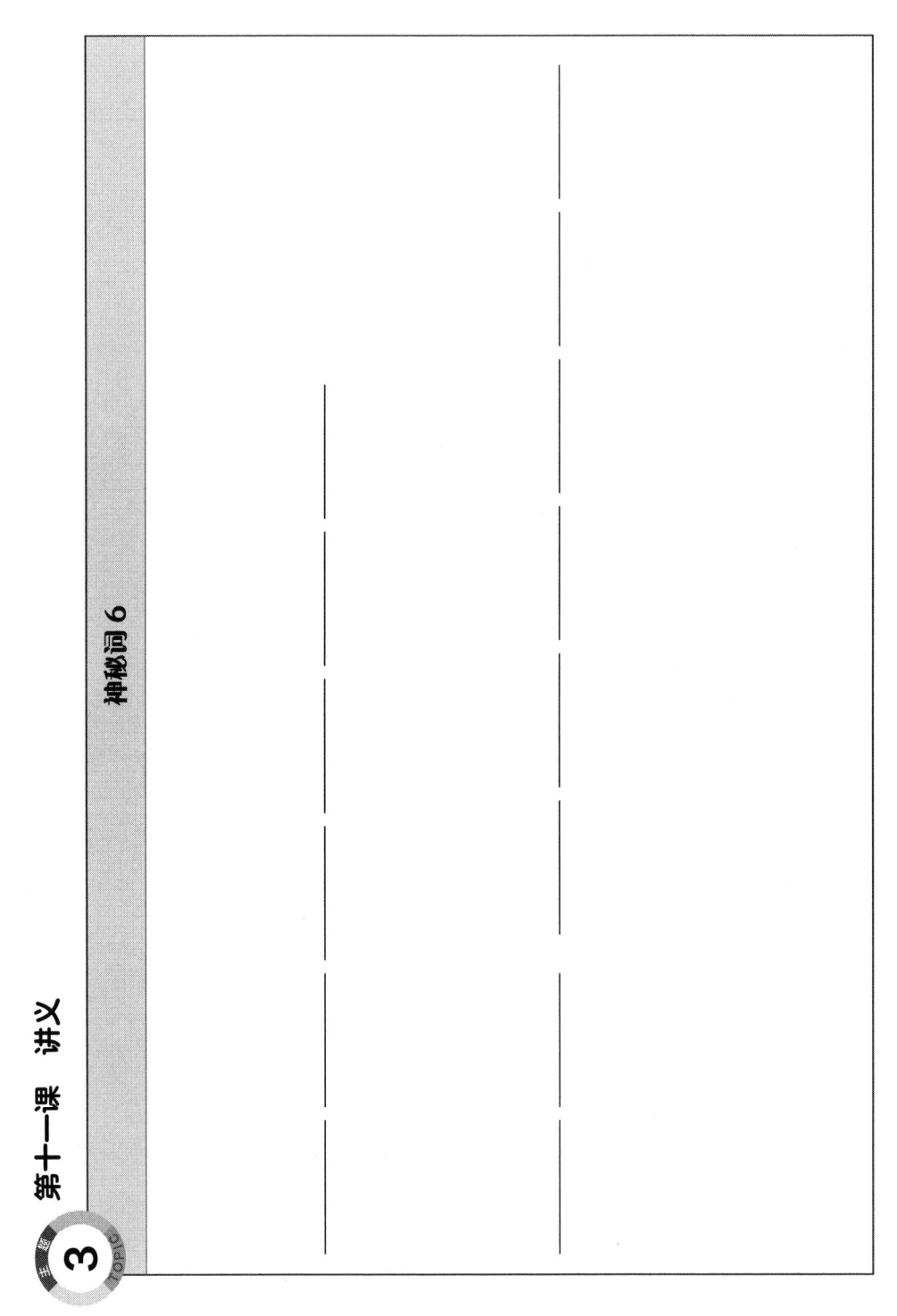

第十一课 讲义

神秘词 6

第十一课 教师指导

神秘词 6 参考答案

C H O I C E

N O C H O I C E

第十一课　讲义

主题 3

UOT 词典

C?

有选择 / 无选择	
定义： 当有多种方式解决一个问题时，这就是有选择的情况。 当只有一种方式做某事时，这就是无选择的情况。	示例和建议： • 大多数时候，我有选择，有不止一种方式解决问题。 • 如果是无选择的情况，那就没有其他选项，我只能顺其自然。 • 陷入困境会使我的处境更加困难，所以对我来说顺其自然更好一些。你怎么看？

第十一课

活动 2
有选择 / 无选择练习

小组活动
15 分钟

活动所需材料

- 需自行准备：
  - 白板或记录纸
  - 记号笔或白板笔

- 本书已含材料：
  - 课堂资料：有选择 / 无选择卡（在卡纸上双面打印）

指导说明

在这项活动中，学生将练习运用他们的新知识。

1. 使用多张卡纸双面打印"有选择 / 无选择"，一面印"有选择"，另一面印"无选择"。教师需要准备 10 张卡片，给每个学生分发一张"有选择 / 无选择"卡。或者，也可以简化操作，制作两套单面打印的卡片，给每个学生各发一张。

2. 阅读以下情境，并让学生用卡片投票，判断情境是有选择还是无选择。

a. 你正在考虑午餐是点比萨还是炸鸡。

b. 你需要上厕所。

c. 你有了一位新的语言艺术课老师。

d. 你和一个同学有闲暇时间。

e. 火灾演习开始了。

f. 你正在考虑穿红色的还是蓝色的衬衫。

g. 行人信号灯显示"禁止通行"。

h. 学生必须学会阅读。

i. 你想买一块糖果，收银员收了你 8 元。

j. 你正在考虑邀请谁到你家玩。

k. 你爸爸告诉你该去看医生了。

3. 在白板上记录并统计投票结果，然后针对存在意见分歧的情况进行讨论。

4. 根据你与学生的经历举出更多的例子，并邀请学生提供情境。至少讨论 10 个情境。

别忘了在 GWPDC 上勾选完成这个步骤！

主题 3：如何保持灵活？

第十一课　课堂资料

有选择 / 无选择卡

有选择	有选择	有选择
有选择	有选择	有选择
有选择	有选择	有选择
有选择	有选择	有选择
有选择	有选择	有选择

第十一课　课堂资料

有选择 / 无选择卡

无选择	无选择	无选择
无选择	无选择	无选择
无选择	无选择	无选择
无选择	无选择	无选择
无选择	无选择	无选择

第十一课

结束
课堂练习和家庭练习

☆ 总结
⏰ 5 分钟

活动所需材料

🛒 **— 需自行准备：**
- 铅笔（学生每人一支）
- 视觉化小组强化物
- 每个学生的 *UOT* 笔记本

✂ **— 本书已含材料：**
- 课堂练习 11
- 家庭练习 11

指导说明

学生将复习家庭练习，并完成"目标—原因—计划—执行—检查"（GWPDC）的检查部分。

1. 分发家庭练习表。大声朗读目标。询问学生他们将和谁一起完成家庭练习。让学生知道，下次上课时，带来完成好的家庭练习表的学生将获得 1 积分。

建议

★ 遵循一致的流程复习和完成家庭练习。例如，复习家庭练习，监督所有学生将表格放入他们的家庭作业文件夹中，监督所有学生将作业内容写在家庭作业计划本上。

2. 引导学生将本次课程的所有作业资料归档到他们的 *UOT* 笔记本中。

3. 对着全班大声朗读第十一课的目标。询问学生是否能够实现目标。请学生指出是什么帮助他们实现了目标。

4. 复习计划。询问学生是否能够执行计划。有无法完成的步骤吗？是否需要修改计划？

5. 提醒学生他们正在为获得一个小组的大奖励而努力。每天你会将他们的积分累加到积分库里。当他们累到_____积分时，他们将获得一次小组庆典或一份奖品。

6. 向所有与学生互动并能帮助学生练习新技能的教师分发课堂练习讲义，这对学生来说可能大有帮助。

第十一课

课堂练习 11 C?

课堂总结：你的学生学习了有选择与无选择之间的差别。通过"有选择 / 无选择"的自我调节脚本，学生能够：

（1）区分他们有能力改变的事情和无法改变的事情。

（2）打破固有的思维方式，不再试图控制无法改变的事情。

为了支持你的学生学习和泛化，你可以：

1. 跟学生使用"**无选择**"时要谨慎！无选择的情况通常是与法律或安全相关的问题。记住，不好的选择仍然是一种选择。**无选择**的情况包括上学、火灾演习时离开建筑物或去看医生等，但写一篇关于总统的文章并不是一个**无选择**的情境。学生喜欢听你说自己的**无选择**情境：

- "今天是报税日，我不喜欢交税，但这是一个**无选择**的情况，我必须完成它。"
- "明天你们会有一位代课老师，因为我没得选择，必须去看一下牙医。"

2. 大多数时候，我们都**有选择**，有不止一种方法可以解决问题。大部分时间尽量都关注**有选择**的内容。例如，你可以这样说：

- "我们依然还有很多**选择**，我们能想出一个备选的 B 计划吗？"
- "这绝对不是一个**无选择**的情况。让我们看看还有哪些**选择**。"

3. 如果你的学生在**无选择**的情况下遇到困难，尝试这样说：

- "如果这是一个**无选择**的情况，那我没有其他选择，只能顺其自然。"
- "陷入困境会使我的处境更加困难，所以对我来说顺其自然更好一些。你怎么看？"

第十一课

家庭练习 11

你的孩子今天参加了 *UOT* 课程中的第十一次小组课。

课堂总结：你的孩子学习了有选择与无选择之间的差别。当有多种解决问题的方法时，就有选择。无选择的情况发生在只有一种方法可以做某事的情境里。

有选择　　　　　无选择

在家中，你可以：

1. 跟孩子使用"**无选择**"时要谨慎！**无选择**的情况通常是与法律或安全相关的问题。记住，不好的选择仍然是一种选择。**无选择**的情况包括：
   - 上学
   - 接种疫苗
   - 缴税
   - 每天需要睡觉

2. 大多数时候，我们都**有选择**，有不止一种方法可以解决问题。大部分时间都尽量关注**有选择**的内容。例如，你可以这样说：
   - "我们依然还有很多**选择**，我们能想出一个备选的 B 计划吗？"
   - "这绝对不是一个**无选择**的情况。让我们看看还有哪些**选择**。"

3. 如果你的孩子在**无选择**的情况下感到困难，你可以尝试这样说：
   - "如果这是一个**无选择**的情况，那我没有其他选择，只能顺其自然。"
   - "陷入困境会使我的处境更加困难，所以对我来说顺其自然更好一些。你怎么看？"

主题 3：如何保持灵活？

第十二课　预判意外

🎯 目标

学生、教师和家长学习"预判意外"的脚本，并将其纳入接受变化的策略包中。本节课包含两项活动。

活动所需材料

– 需自行准备：

- 白板或大张纸
- 白板笔或记号笔
- 胶带
- 3 张小纸片（分别标识数字 1、2、3）
- 游戏代币
- 骰子
- 铅笔
- 视觉化小组强化物
- 每个学生的 UOT 笔记本

– 本书已含材料：

- 第十二课的 GWPDC
- 快问快答的问题
- 教师指导：应对意外的游戏规则
- 课堂资料：应对意外的游戏板
- 课堂资料：应对意外的游戏卡
- 讲　义：大事 / 小事等级量表（见第十课）
- 课堂练习 12
- 家庭作业 12

第十二课

导入	复习 & 游戏
复习 GWPDC 和快问快答	5 分钟

活动所需材料

– 需自行准备：
- 白板或记录纸和合适的记号笔
- 胶带
- 3 张小纸片（分别标识数字 1、2、3）

– 本书已含材料：
- 第十二课的 GWPDC
- 快问快答的问题

指导说明

1. 在课程开始前，将 GWPDC 写在白板上。
2. 与小组一起复习 GWPDC。
3. 完成快问快答活动。

* 完整的操作说明和技巧请参考 GWPDC 和快问快答活动的指导说明（主题 1 第二课）。

强化……
记忆能力。
"上次小组活动中的内容你记得真清楚，我认为你真的很用心听课了。为你们小组加 1 积分。"

目标（Goal）：学会如何预判或应对意外情况。

原因（Why）：有时候事情会出乎我的预料。我必须找到一种方法来应对这种情况而不感到烦躁或陷入困境。如果我能做到这一点，通常可以避免感到不快。

计划（Plan）：
1. 快问快答。
2. 讨论"预判意外"。
3. 玩应对意外的游戏。

主题 3：如何保持灵活？

4. 复习家庭练习。

执行（Do）：执行计划并获得积分。

检查（Check）：进展如何？我们达成目标了吗？

别忘了在 GWPDC 上勾选完成这个步骤！

快问快答的问题

1. 老师和父母有没有别无选择的情况？
2. 你可以举出两个你有选择的情况吗？
3. 上学是有选择还是无选择的情况？

225

第十二课

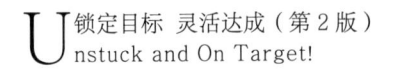

活动 1

介绍预判意外

⭐ 演讲

🕐 10 分钟

活动所需材料

– 需自行准备：
- 白板或记录纸
- 记号笔或白板笔

指导说明

在这项活动中，学生会基本了解如何应对意外情况。

1. 向学生提问："有没有人因为事情没有按预期发生而感到抓狂或沮丧，比如换了代课老师，或者你是个好运动员但没被选拔进校队？这种情况对你来说可能是一件大事，是吧？"

2. 让学生举例，并在白板上记录他们的主要观点。为学生提供更多的例子，如，"有一次因为天气不好，去动物园的研学被取消了，我感到很沮丧"，"还有一次，我在去游乐园前一天生病了，计划泡汤，我特别抓狂"。

3. 询问学生如何应对意外情况。将他们的想法写在白板上，并说出你的想法。以下是一些例子：

   a. 提前告知变化

   b. 提前 5 分钟预告，学生需要在玩得开心时停止活动

   c. 深呼吸，并提醒自己可以灵活应对

   d. 对具体发生的改变和保持不变的情况进行询问和了解

   e. 知道变化将会结束的时间

   f. 知道意外事件发生的合理原因

4. 保留这份清单。

主题 3：如何保持灵活？

第十二课

活动 2
应对意外的策略探索

小组活动
15~20 分钟

活动所需材料

— 需自行准备：
- 游戏代币
- 骰子

— 本书已含材料：
- 教师指导：应对意外的游戏规则
- 课堂资料：应对意外的游戏板
- 课堂资料：应对意外的游戏卡（提前裁好）
- 讲义：大事/小事等级量表（见第十课）

指导说明

1. 按照"应对意外的游戏规则"进行游戏。这个游戏旨在帮助学生练习他们在主题 3 中学到的脚本和技能。

2. 在"应对意外的游戏卡"中有额外的空白卡片，你或你的学生可以根据需要添加相关情境。

> 别忘了在 GWPDC 上勾选完成这个步骤！

第十二课　教师指导

主题 3

应对意外的游戏规则

目标：每个玩家在游戏板上都到达终点。

游戏玩法：

1. 每个玩家将自己的游戏代币放在起点位置。
2. 玩家轮流掷骰子，根据骰子显示的数字，将代币在游戏板上移动相应的步数。
3. 玩家抽取一张游戏卡，阅读上面的情境描述，并按照指示进行操作（参见游戏卡说明）。

游戏卡答案：

	翻转！	根据 1 到 5 分的评分标准对情境进行评分，然后讨论你会用什么策略将其变成小事。
	超级救援！	阅读有关突发事件的情境描述，并给出如何应对突发事件的建议。
	列个清单！	阅读有关突发事件的情境描述，并列出两件不会变化的事情和两件会发生改变的事情。
	表演！	阅读有关突发事件的情境描述，并表演两种处理方式：一种是陷入困境的反应，另一种是灵活应对的反应。

主题 3：如何保持灵活？

第十二课　课堂资料

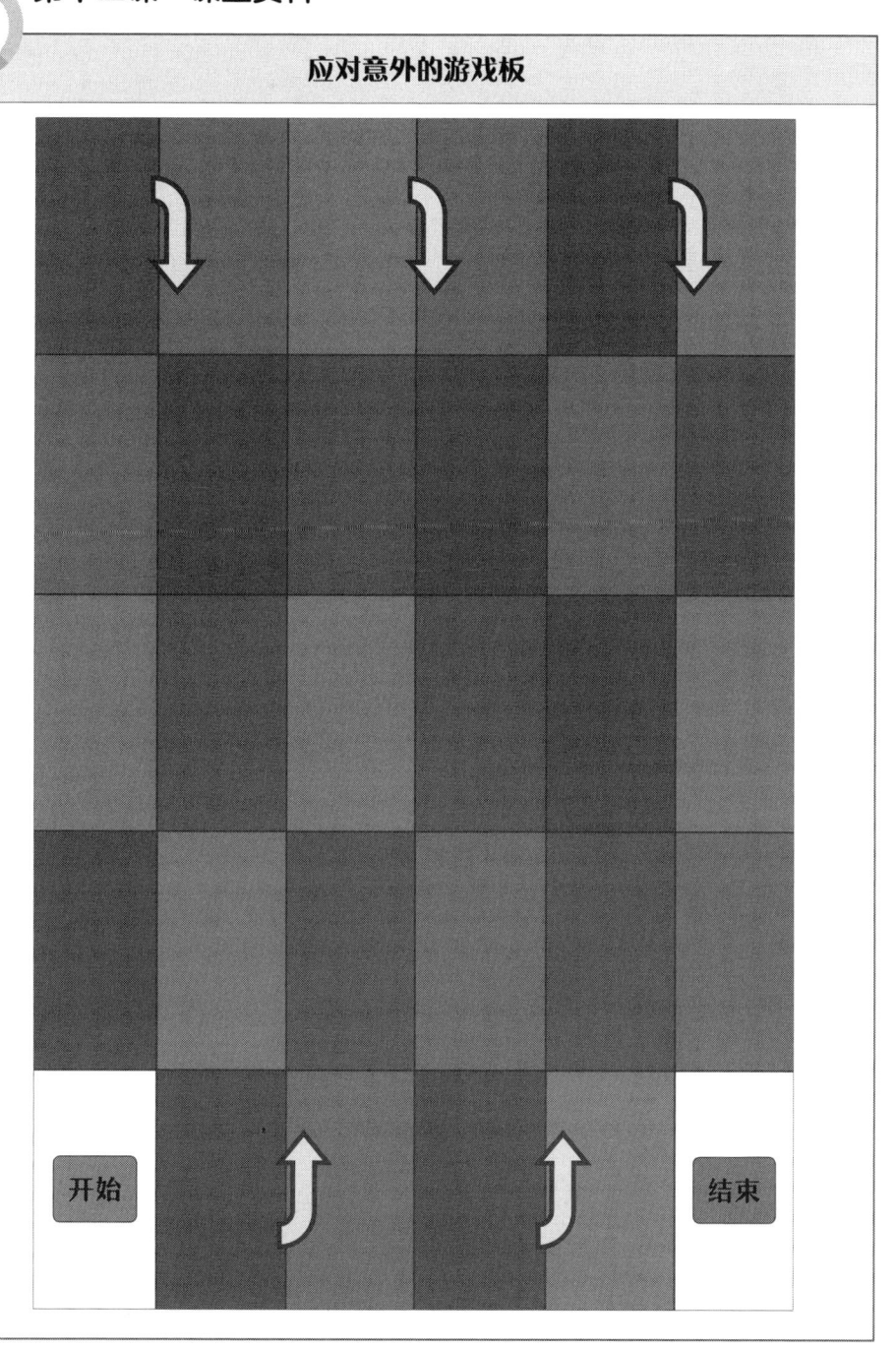

应对意外的游戏板

锁定目标 灵活达成（第 2 版）
Unstuck and On Target!

主题 3

第十二课　课堂资料

应对意外的游戏卡

●●●○ 我的老师生病了，所以我们有一位代课老师。	●●●○ 课间进行了火灾演习。
●●●○ 下了一整天的雪，我没法去朋友家了。	●●●○ 我在食堂想坐的座位被别人占了。
●●●○ 我们班来了一位客座讲师，所以我们必须重新安排日程表。	●●●○ 妈妈的手机没电了，我正在玩的游戏进度没有保存。
●●●○ 老师给我们调换了新座位。	●●●○ 我打算从图书馆借出我最喜欢的漫画书，但它已经被借走了。
●●●○ 我计划放学后和弟弟一起玩电子游戏，但他已经在看电影了。	●●●○ 老师说我们在课堂上没有时间做完科学实验。

主题 3：如何保持灵活？

主题 3

第十二课　课堂资料

应对意外的游戏卡

锁定目标 灵活达成（第2版）
Unstuck and On Target!

第十二课

结束
课堂练习和家庭练习

⭐ 总结
🕐 5 分钟

活动所需材料

— 需自行准备：

- 铅笔（学生每人一支）
- 视觉化小组强化物
- 每名学生的课堂笔记本

— 本书已含材料：

- 课堂练习 12
- 家庭练习 12

指导说明

学生将复习家庭练习，并完成"目标—原因—计划—执行—检查"（GWPDC）的检查部分。

1. 分发家庭练习表。大声朗读目标。询问学生他们将和谁一起完成家庭练习。让学生知道，下次上课时，带来完成好的家庭练习表的学生将获得1积分。

建议

★ 遵循一致的流程复习和完成家庭练习。例如，复习家庭练习，监督所有学生将表格放入他们的家庭作业文件夹中，监督所有学生将作业内容写在家庭作业计划本上。

2. 引导学生将本次课程的所有作业资料归档到他们的 *UOT* 笔记本中。

3. 大声朗读第十二课的目标。询问学生是否能够实现目标。请学生指出是什么帮助他们实现了目标。

4. 复习计划。询问学生是否能够执行计划。有无法完成的步骤吗？是否需要修改计划？

5. 提醒学生他们正在为获得一个小组的大奖励而努力。每天你会将他们的积分累加到积分库里。当他们累到_____积分时，他们将获得一次小组庆典或一份奖品。

6. 向所有与学生互动并能帮助学生练习新技能的教师分发课堂练习讲义，这对学生来说可能大有帮助。

第十二课

课堂练习 12

课堂总结：你的学生学会了如何预判和应对意外情况，从而帮助他们适应突发事件。有执行功能困难的学生通常非常依赖固定的日程安排，当出现变化或他们的期望被打破时，他们可能会感到沮丧。因此，专门教授他们应对突发变化的策略是非常有帮助的。

为了支持你的学生学习和泛化，你可以：

1. 我们许多成年人在应对意外情况时都会感到困难，尤其是当意外事件让我们失望时。但我们也知道，有些人甚至不喜欢惊喜，比如为他们准备的惊喜派对。因此，对于那些非常依赖常规的学生，我们需要有同理心，尽量尊重和维护他们熟悉的日常安排，并在意外发生时温柔地给予他们支持。

2. 学生列出了应对意外情况时可以使用的策略清单。以下是一些你可以尝试或帮助他们尝试的策略：

   - **提前预告**！
     - 提前告知学生即将发生的任何变化。
     - 提前 5 分钟告诉学生需要在玩得开心时停止活动。

   - **清晰明确**！
     - 允许学生提问，让他们清楚地了解哪些事情会发生变化，哪些事情会保持不变。
     - 让学生知道变化什么时候会结束。
     - 如果有合理的理由解释发生的变化，请与孩子分享。

3. 当你的学生表现出能够**应对意外**情况时，请大力表扬他们。这对他们来说真的很难！

   - "当我们必须做出那个改变时，你表现得非常灵活！"
   - "你真的知道如何**预判意外**事件！你是怎么做到的？"

第十二课

家庭练习 12

你的孩子今天参加了 *UOT* 课程中的第十二次小组课。

课程总结：你的孩子学会了如何**预判**或**应对意外**情况。你的孩子非常依赖固定的日程安排，当出现变化或他们的期望被打破时，他们可能会感到沮丧。你的孩子更喜欢一切按他们所预期的进行，因此专门教授他们应对突发变化的策略是非常有帮助的。

在家中，你可以：

1. 我们许多成年人在应对意外情况时都会感到困难，尤其是当意外事件让我们失望时。但我们也知道，有些人甚至不喜欢惊喜，比如为他们准备的惊喜派对。如果这对成年人来说都很难，不难想象这对于依赖常规的孩子来说会有多困难。请多多理解你的孩子，也请你尽量保持孩子的日程常规不变。在意外发生时，温柔地支持你的孩子。

2. 你的孩子列了一份**应对意外**的策略清单。以下是一些在家可以尝试的方法：

  - **提前预告**！
    - 提前告知孩子即将发生的任何变化。
    - 从一个活动转换到另一个活动，要提前 5 分钟预告。
    - 如果孩子需要停止做某件有趣的事情，如关掉电视去睡觉，请提前 10 分钟或 5 分钟给予相应的预告。
    - 有时你可能需要用手指倒数，伸出手指，从 10 开始然后慢慢倒数到 0。过程中要确保让孩子看到。

- **清晰明确！**
    - 允许孩子询问很多问题，让他们清楚地了解哪些事情会发生变化，哪些事情会保持不变。
    - 让孩子知道变化何时结束。
    - 如果有合理的理由解释发生的变化，请与孩子分享。
3. 当你的孩子表现出能够**应对意外**情况时，请大力表扬他们。这对他们来说真的很难！
    - "当我们必须做出那个改变时，你表现得非常灵活！"
    - "你真的知道如何**预判意外**事件！你是怎么做到的？！"

主题 3　成长报告

学生姓名：＿＿＿＿＿＿＿＿＿＿＿＿＿　日期：＿＿＿＿＿＿＿＿＿

教师姓名：＿＿＿＿＿＿＿＿＿＿＿＿＿

在过去几周中，我们在主题 3 中教授了以下技能和概念：

- A 计划→B 计划
- 协商
- 大事 / 小事
- 有选择 / 无选择
- 预判意外

主题 3 技能	总是	有时	没有
1. 能够在事件发生前制订 A 计划和 B 计划			
2. 能够在事件发生时制订 B 计划（例如，在 A 计划失败时）			
3. 能够定义协商或提供协商的示例			
4. 能够在事件发生时进行协商			
5. 借助假设情境，可以找到将大事变成小事的方式			
6. 能够在事件发生时使用策略将大事化小			
7. 能够识别什么是有选择，什么是无选择			
8. 能够找出应对意外事件的策略			
小组的一个成就：			
需要继续努力的地方：			

＿＿＿＿＿＿＿＿＿＿＿＿＿＿＿＿（老师签字）

（请撕下并返还已签名的单据，确认你已收到进度报告）

我收到了 UOT 课程的成长报告

＿＿＿＿＿＿＿＿＿＿＿＿＿＿＿（家长签字）日期：＿＿＿＿

主题 4 灵活应对的原因

特别说明：这些课程的核心目标是帮助学生建立灵活应对的内在动机。尽管实施该主题的每个部分都至关重要，但小组负责人可以根据学生的需求调整活动，以更好地满足他们的需要。这对激励学生做出改变非常重要。每个学生的动机因素各不相同，因此小组负责人可能需要个性化地设置课程，以确保对每个学生都能产生激励作用。在课程执行过程中，应尽可能利用学生的个人体验作为教学示例。

总结：本主题强调的是帮助学生建立灵活应对的内在动机。在这两节课中，学生将探索灵活性如何创造积极的体验，并帮助他们更好地掌控结果；通过对比分析，让学生直观感受灵活应对和刻板应对可能导致的不同结果。

先备技能：理解灵活性的含义（主题1）、熟悉与灵活性相关的词汇（主题2）和与灵活性相关的脚本（主题3）。

相关技能：内部动机、自我概念、目标制定

成果——掌握标准

1. 学生识别出因灵活应对而产生的积极情绪。
2. 学生识别出灵活应对时会出现的结果。

主题背景和基本原理

与所有人一样，有执行功能困难的学生在动机水平高时反应最佳。然而，

内隐的社交或成就动机（例如，学生知道如果自己表现良好，老师会感到高兴；或者通过树立灵活且目标明确的形象，老师会更喜欢这个学生并更可能给予其特权）对这些学生来说并不总是容易获得的。因此，明确教导灵活性的优势，对于帮助学生实现对其个人有意义的具体目标至关重要。找到支持学习的正确激励措施是教授学生新技能的关键的第一步。为了实现长期的行为改变，建立灵活应对的技能并明确展示其如何赋予学生更多掌控感及带来积极结果，是非常重要的。

主题 4：灵活应对的原因

第十三课　灵活应对的优势

🎯 目标

　　本课程将通过探索具体经验，向学生展示灵活应对如何帮助他们获得自己想要的东西，并增强独立性，从而建立灵活应对的内在动机。本节课包含两项活动。

活动所需材料

🛒 – 需自行准备：

- 白板或记录纸
- 记号笔或白板笔
- 胶带
- 3 张小纸片（分别标识数字 1、2、3）
- 学生陷入困境时的消极应对视频（备选）
- 游戏代币（如宾果游戏币、硬币等）
- 骰子
- 铅笔
- 视觉化小组强化物
- 每个学生的 UOT 笔记本

✂ – 本书已含材料：

- 第十三课的 GWPDC
- 快问快答的问题
- 讲义：我的两个选择
- 视觉化资料：小组灵活性口号
- 教师指导：灵活性高速公路游戏规则
- 课堂资料：灵活性高速公路游戏板
- 课堂资料：灵活性高速公路游戏卡
- 课堂练习 13
- 家庭练习 13

241

锁定目标 灵活达成（第2版）
Unstuck and On Target!

第十三课

导入	复习 & 游戏
复习 GWPDC 和快问快答	5 分钟

活动所需材料

— 需自行准备：
- 白板或记录纸和合适的记号笔
- 胶带
- 3 张小纸片（分别标识数字 1、2、3）

— 本书已含材料：
- 第十三课的 GWPDC
- 快问快答的问题

指导说明

1. 在课程开始前，将 GWPDC 写在白板上。

2. 与小组一起复习 GWPDC。

3. 完成快问快答活动。

* 完整的操作说明和技巧请参考 GWPDC 和快问快答活动的指导说明（主题 1 第二课）。

目标（Goal）：学习在我无法得到自己想要的东西时灵活应对。

原因（Why）：学习如何灵活应对可以让我获得更多我想要的东西，并让我对事情的结果更有掌控感。

计划（Plan）：

1. 进行快问快答环节。

2. 当我无法得到自己想要的东西时该怎么办?

3. 作业纸：我的两个选择。

4. 玩灵活性高速公路游戏（备选）。

5. 复习家庭练习。

执行（Do）：执行计划并获得积分。

检查（Check）：进展如何？我们达成目标了吗？我们需要一个备用计划吗？当我无法得到自己想要的东西时怎么办？

快问快答的问题

1. 我感受到第 3 级或第 4 级情绪强度的情绪时，为了恢复到第 1 级情绪强度，我能做什么？

2. 如果我想要蛋糕作为甜点，而我的兄弟姐妹想要布朗尼，我们该如何协商？

3. 当陷入困境时，我们有多少个选择？

第十三课

活动 1
当无法得到自己想要的东西时该如何应对

小组活动
10~15 分钟

活动所需材料

— 需自行准备：
- 白板或记录纸
- 记号笔或白板笔

— 本书已含材料：
- 讲义：我的两个选择
- 视觉化资料：小组灵活性口号

指导说明

1. 向学生说明，他们将进一步学习灵活应对如何帮助自己。生活中有一些永恒不变的常识，其中之一就是我们想要的并不总是能够实现。

2. 询问学生："有没有什么你们想要却得不到的东西？"并准备好分享你自己的例子来帮助学生思考自己的情况。学生的例子可能包括吃不到想吃的东西，不能按想要的顺序做某事，没法玩想玩的游戏，不能坐在自己喜欢的座位上，或者不能和某个朋友一起玩等。把这些例子写在白板的一侧。

3. 在白板上写下"有时我想要的是无法实现的"，并告诉学生，每当他们有自己想要但无法得到的东西时，他们有两个选择并且可以自己做出决策。我们将创建一个流程图来说明这一点。

4. 确定学生的第一个选择是"困境"。让学生识别陷入困境时会发生什么，并使用情绪目标来回忆陷入困境时的感受。把这些答案记录在白板上。

5. 确定第二个选择的内容。让学生说出他们有什么其他替代选项，如备用的 B 计划。让学生使用情绪目标来回忆选择另一种选项时的感受。把答案记录在白板上。

主题 4：灵活应对的原因

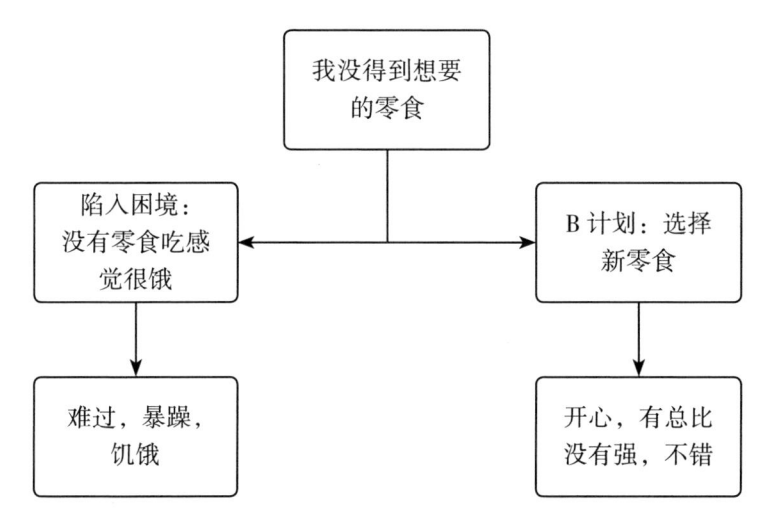

```
            ┌──────────────┐
            │ 我没得到想要 │
            │   的零食     │
            └──────┬───────┘
          ┌────────┴────────┐
          ▼                 ▼
┌──────────────┐      ┌──────────────┐
│ 陷入困境：   │◄────►│ B 计划：选择 │
│ 没有零食吃感 │      │   新零食     │
│   觉很饿     │      │              │
└──────┬───────┘      └──────┬───────┘
       ▼                     ▼
┌──────────────┐      ┌──────────────┐
│ 难过，暴躁， │      │ 开心，有总比 │
│    饥饿      │      │ 没有强，不错 │
└──────────────┘      └──────────────┘
```

7. 如果你认为你的学生需要从更多练习中受益，在开始下一个活动之前，使用其他例子重复练习以上过程。

8. 把学生两两分组，给每组学生发"我的两个选择"作业纸。将情境卡分发给每组学生，让他们使用这些情境卡来完成这份作业。情境卡的内容可以根据学生的实际情况创建适用的例子，并需要向全班展示他们的情境。为了激励学生提出尽可能多的替代选择，可以为每组学生的每个新选择加 1 积分。

第十三课　讲义

我的两个选择

我真的很想玩《连连看》游戏，但玩具坏了。	我很想吃薯条，但薯条卖完了。	我很想坐在电影院的前排，但前排的座位都有人坐了。
我很想在课间休息时去外面玩，但下雨了。	我很想吃香草冰激凌，但冰激凌融化了。	我很想吃芝士饼干，但已经被吃光了。
我很想用绿色的记号笔，但它已经干了。	我很想看一部电影，但光碟不见了。	我很想和我最好的朋友坐一起吃午饭，但座位都被占了。

第十三课　视觉化资料

小组灵活性口号

当我灵活应对时我可以得到一部分：

我心里觉得美滋滋的

第十三课

活动 2（备选）
灵活性高速公路游戏

小组活动
10~15 分钟

活动所需材料

- 需自行准备：
  - 游戏代币（如宾果游戏币、硬币等）
  - 骰子

- 本书已含材料：
  - 教师指导：灵活性高速公路游戏规则
  - 课堂资料：灵活性高速公路游戏板
  - 课堂资料：灵活性高速公路游戏卡

指导说明

1. 总结学生所学的内容，并重申以下内容：有时候我无法得到自己想要的东西，但如果我能灵活应对，我就能得到部分想要的东西，也会感到很开心。

2. 朗读以下内容。每读一条时，如果学生表示赞同，请学生竖起大拇指；如果学生表示反对，请学生比出向下的大拇指。

   a. 我总是能得到我想要的一切。
   b. 有时候我无法得到自己想要的东西。
   c. 灵活应对能帮我得到部分想要的东西。
   d. 灵活应对比陷入困境感觉要好受些。

3. 让学生玩灵活性高速公路的游戏，在游戏中，他们有机会做出灵活的选择。在开始游戏前，先阅读教师指导"灵活性高速公路游戏规则"。

记得在 GWPDC 上勾选完成这个步骤！

主题 4：灵活应对的原因

第十三课　教师指导

灵活性高速公路游戏规则

目标（G）

每个玩家的目标是到达游戏板上画的高速公路的尽头，也就是第 50 格。

游戏规则

1. 所有人从游戏板的第 1 格开始。

2. 轮流掷骰子并根据骰子的点数前进相应的格子数。

3. 如果你停在有桥梁的泥坑上，请拿一张桥梁牌。阅读这张情境卡。如果你能制订一个灵活应对的计划，并继续朝着卡片上的目标努力，你就可以通过桥梁并前进到下一个格子。如果你无法提出灵活应对的方案，这一轮你就会"陷入泥坑"。你可以在下一轮继续移动。

4. 如果你停在有绕行标志的泥坑上，请拿一张绕行牌。阅读这张情境卡。如果你能意识到虽然无法总是得到你想要的东西，但能提出一个灵活应对并实现另一个新目标的计划，你就可以沿着绕行标志前往新的格子。如果你不能提出灵活应对的方案，这一轮你就会"陷入泥坑"。你可以在下一轮继续移动。

5. 如果你停在红绿灯上，请拿一张红绿灯牌。阅读这张情境卡。如果你正确回答问题，你可以前进到下一个格子。如果你没有正确回答问题，这一轮你只能停留在原地，直到下一轮才能继续移动。

249

第十三课 课堂资料

灵活性高速公路游戏板

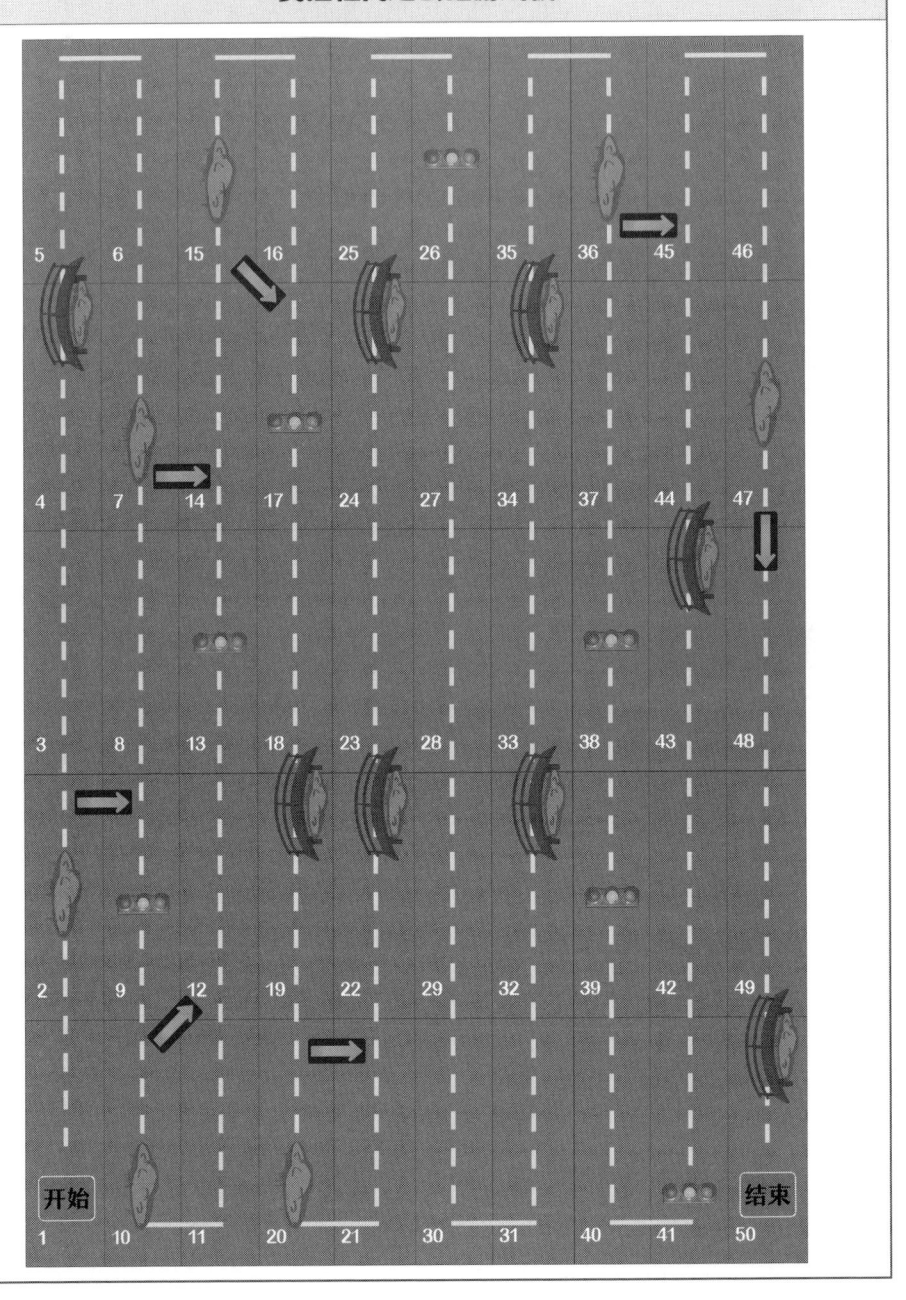

250

第十三课　课堂资料

灵活性高速公路游戏卡

陷入泥坑！ 我很想吃鸡块。 麦当劳要到下午3点才开门。 我如何灵活应对并仍然实现吃到鸡块的目标？	**陷入泥坑！** 我想写字，但我最喜欢用的铅笔断了。 我如何灵活应对并仍然实现使用我最喜欢的铅笔的目标？
陷入泥坑！ 我想和山姆一起玩，但他正和约翰玩。 我如何灵活应对并仍然实现和山姆一起玩的目标？	**陷入泥坑！** 我真的很想荡秋千，但现在所有的秋千都有人在玩。 我如何灵活应对并仍然实现荡秋千的目标？
陷入泥坑！ 我想聊电子游戏，但我的朋友们想聊聊恐龙。 我如何灵活应对并仍然实现讨论电子游戏的目标？	**陷入泥坑！** 我想看《海绵宝宝》，但我妈妈要我打扫房间。 我如何灵活应对并仍然实现看《海绵宝宝》的目标？
陷入泥坑！ 我想去户外玩，但我必须做作业。 我如何灵活应对并仍然实现去户外玩的目标？	**陷入泥坑！** 我想在桌游中第一个出发，但我的朋友掷出了更大的点数。 我如何灵活应对并仍然实现第一个出发的目标？
陷入泥坑！ 我想打棒球，但我的朋友们已经在打篮球了。 我如何灵活应对并仍然实现打棒球的目标？	**陷入泥坑！** 我想玩积木，但我的朋友们在玩桌游。 我如何灵活应对并仍然实现玩积木的目标？

锁定目标 灵活达成（第2版）
Unstuck and On Target!

第十三课　课堂资料

灵活性高速公路游戏卡

主题 4：灵活应对的原因

第十三课　课堂资料

主题 4

灵活性高速公路游戏卡

绕道！ 我午餐想吃热狗，但热狗已经卖完了。因为我无法总是得到我想要的东西，我如何灵活应对并获得另一样让我感到满意的食物？	绕道！ 我想玩电脑，但所有电脑都有人在用。因为我无法总是得到我想要的东西，我如何灵活应对并获得另一种让我感到满意的安排？
绕道！ 我想讨论飞机，但我的朋友不想。因为我无法总是得到我想要的东西，我如何灵活应对并讨论另一个让我感到满意的话题？	绕道！ 我想看电影，但到了睡觉时间。因为我无法总是得到我想要的东西，我如何灵活应对并获得另一种让我感到满意的安排？
绕道！ 我想在抓人游戏中第一个跑开。因为我无法总是得到我想要的东西，我如何灵活应对并获得另一个让我感到满意的排序？	绕道！ 我想玩电子游戏，但现在该做作业了。因为我无法总是得到我想要的东西，我如何灵活应对并获得另一种让我感到满意的安排？
绕道！ 我想吃香草味冰激凌甜筒，但店里香草味的已经卖光了。因为我无法总是得到我想要的东西，我如何灵活应对并获得另一种让我感到满意的甜筒？	绕道！ 我想读那本关于足球的书，但我的朋友正在看。因为我无法总是得到我想要的东西，我如何灵活应对并获得另一本让我感到满意的书籍？
绕道！ 我想在课间休息时到户外玩，但天气太冷了。因为我无法总是得到我想要的东西，我如何灵活应对并获得另一种让我感到满意的安排？	绕道！ 我想回答老师的提问，但她先叫了我的同学来回答。因为我无法总是得到我想要的东西，我如何灵活应对并获得另一种让我感到满意的安排？

锁定目标 灵活达成（第2版）
Unstuck and On Target!

主题 4

第十三课　课堂资料

灵活性高速公路游戏卡

绕道　绕道
绕道　绕道
绕道　绕道
绕道　绕道
绕道　绕道

第十三课　课堂资料

灵活性高速公路游戏卡

红绿灯！ 对或错？ 如果我得不到我想要的东西我会发脾气，人们会想帮助我制订一个计划，让我得到另一样让我感到满意的东西。	红绿灯！ 对或错？ 我总是可以得到我想要的一切。
红绿灯！ 对或错？ 我可以选择陷入泥坑还是灵活应对。	红绿灯！ 对或错？ 如果我陷入泥坑，我将得不到任何让我感到满意的东西。
红绿灯！ 对或错？ 有时候我想要的东西是无法得到的。	红绿灯！ 对或错？ 即使我想要的东西无法得到，得到另一样我想要的东西也不错，总比陷入泥坑里什么也得不到来得好。
红绿灯！ 对或错？ 灵活应对有助于我得到部分我想要的东西。	红绿灯！ 对或错？ 当我无法得到我想要的东西时，我应该大喊大叫和哭泣。如果这是错误的，我应该怎么办？
红绿灯！ 对或错？ 灵活应对比陷入泥坑让人更好受一些。	红绿灯！ 对或错？ 当我无法得到我想要的东西时，我有两个选择。它们是什么？

锁定目标 灵活达成（第 2 版）
Unstuck and On Target!

主题 4 TOPIC

第十三课　课堂资料

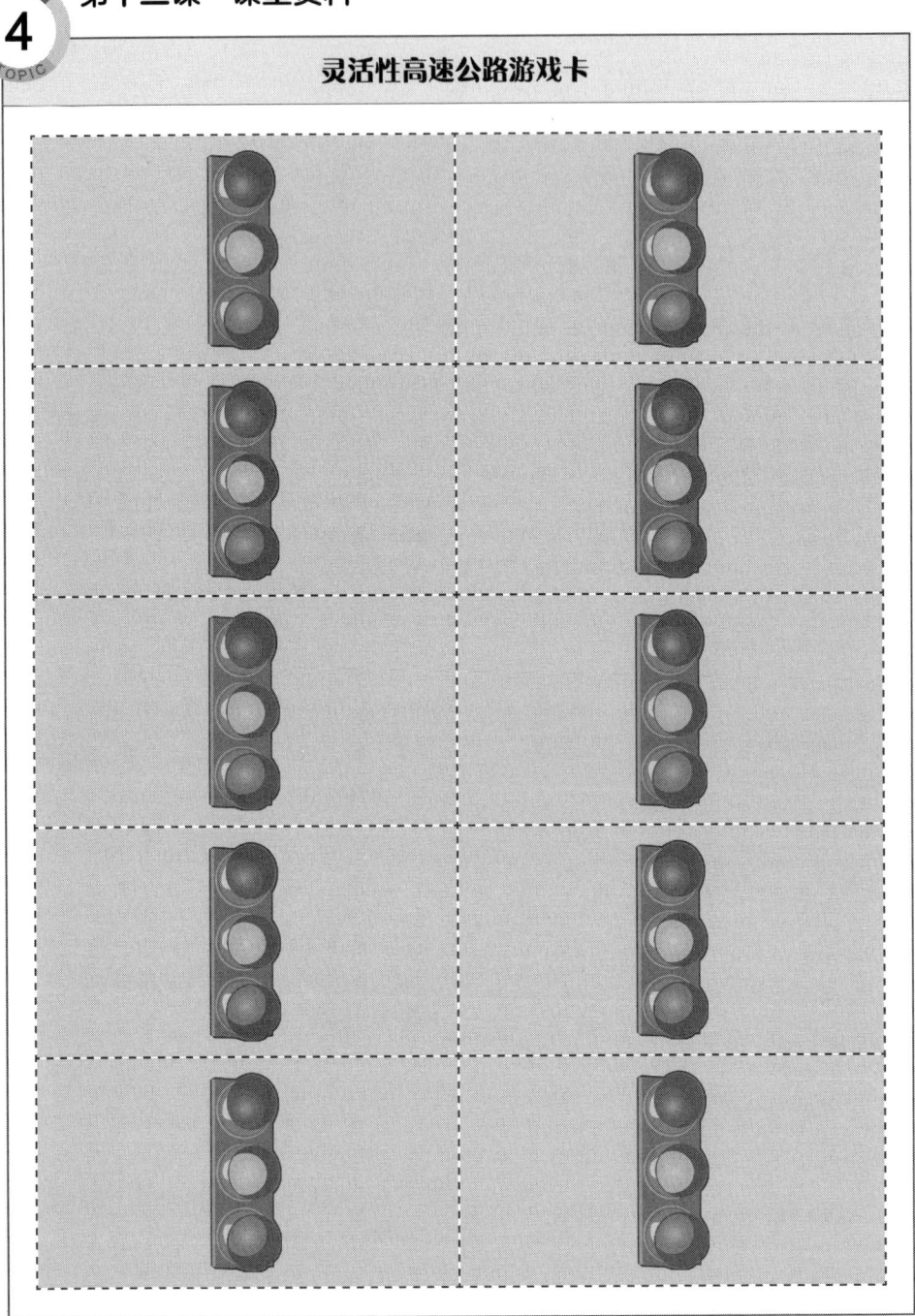

灵活性高速公路游戏卡

主题 4：灵活应对的原因

第十三课

结束
课堂练习和家庭练习

⭐ 总结
🕐 5 分钟

活动所需材料

🛒 – 需自行准备：

- 铅笔（学生每人一支）
- 视觉化小组强化物
- 每个学生的 UOT 笔记本

✂️ – 本书已含材料：

- 课堂练习 13
- 家庭练习 13

指导说明

> **强化！**
> 在课堂上，如果你发现学生正在坚持执行计划或遵守行为准则，请提醒他们正在努力实现的目标，并给予相应的强化。
> "记得使用尊重他人的词汇，这能帮我们赢得积分。我们的积分数让我们更接近目标派对。"

学生将复习家庭练习，并完成"目标—原因—计划—执行—检查"（GWPDC）的检查部分。

1. 分发家庭练习表。大声朗读目标。询问学生他们将和谁一起完成家庭练习。让学生知道，下次上课时，带来完成好的家庭练习表的学生将获得 1 积分。这个家庭练习的重点是 GWPDC。

建议

★ 遵循一致的流程复习和完成家庭练习。例如，复习家庭练习，监督所有学生将表格放入他们的家庭作业文件夹中，监督所有学生将作业内容写在家庭作业计划本上。

2. 引导学生将本次课程的所有作业资料归档到他们的 UOT 笔记本中。

3. 对着全班大声朗读第十三课的目标。询问学生

257

是否能够实现目标。请学生指出是什么帮助他们实现了目标。

4. 复习计划。询问学生是否能够执行计划。有无法完成的步骤吗？是否需要修改计划？

5. 提醒学生他们正在为获得一个小组的大奖励而努力。每天你会将他们的积分累加到积分库里。当他们累到＿＿＿＿积分时，他们将获得一次小组庆典或一份奖品。

6. 向所有与学生互动并能支持他们学习新技能的教师分发课堂练习讲义，这对学生来说可能大有帮助。

记得在 GWPDC 上勾选完成这个步骤！

第十三课

课堂练习 13

课堂总结：你的学生已经了解到灵活性对他们的帮助——当他们灵活应对时，他们会感觉更好，并且更有可能得到他们想要的东西。他们也学习到生活中的一个事实：我们想要的并不总是能够实现。随后，学生分析了在想要的无法实现时，灵活应对与陷入困境的不同感受和结果。

为了支持你的学生学习和泛化，你可以：

进行教师自我评估：

> 现在是评估你和你的学生在变得更加灵活方面取得多少进展的好时机。通过以下的自我评估，请你确保自己尽一切可能支持学生掌握这些新的灵活性技能：

√ 我以什么频次表扬我的学生展现出良好的灵活性技能？（记住，表扬应该具体、真实且及时。）

- ☐ 每天
- ☐ 有时候
- ☐ 从不

√ 我表扬学生的次数是否多于纠正他们的次数？（表扬的次数尽量是纠正的次数的至少 4 倍。）

- ☐ 我表扬的次数比纠正的次数多
- ☐ 我表扬的次数和纠正的次数大致相同
- ☐ 我纠正的次数比表扬的次数多

√ 我是否通过自己的灵活应对向学生展示如何成为灵活的人？灵活性是有感染力的！

- ☐ 我每次都尽量灵活应对

☐ 我正在努力变得更加灵活

☐ 我确实需要在这方面努力改进

√ 我以什么频次使用灵活性词汇?

    ☐ 每天

    ☐ 有时候

    ☐ 从不

注意：如果你的分数没有达到自己的预期，或者你没有看到学生取得太多进展，请与 UOT 的小组负责人沟通，找出改进的方法。

第十三课

家庭练习 13

你的孩子今天参加了 *UOT* 课程中的第十三次小组课。

课程总结：你的孩子已经了解到灵活性对他们的帮助——当他们灵活应对时，他们会感觉更好，并且更有可能得到他们想要的东西。他们也学习到生活中的一个事实：我们想要的并不总是能够实现。随后，你的孩子分析了在想要的无法实现时，灵活应对与陷入困境的不同感受和结果。

在家中，你可以：

1. 尽量在你或你的孩子想要的无法实现时使用本周的词汇。例如，你最喜欢的衬衫脏了，所以现在没法穿它；公园里的秋千已经有人在玩了，所以现在不能玩；等等。

   - "有时候我们想要的无法实现。"
   - "如果我们在某件无法实现的事情上**陷入困境**，我们会有什么**感觉**？"
   - "如果我们在面对无法实现的事情时**灵活应对**，我们会有什么**感觉**？"

2. 进行家长自我评估：

   现在是评估你和你的孩子在变得更加灵活方面取得多少进展的好时机。通过以下的自我评估，请你确保自己尽一切可能支持你的孩子掌握这些新的灵活性技能。

√ 我以什么频次表扬我的孩子展现出良好的灵活性技能？（记住，表扬应该具体、真实且及时。）

  ☐ 每天

  ☐ 有时候

  ☐ 从不

√ 我表扬孩子的次数是否多于纠正他们的次数？（表扬的次数尽量是纠正的次数的至少 4 倍。）
　□ 我表扬的次数比纠正的次数多
　□ 我表扬的次数和纠正的次数大致相同
　□ 我纠正的次数比表扬的次数多

√ 我是否通过自己的灵活应对向孩子展示如何成为灵活的人？灵活性是有感染力的！
　□ 我每次都尽量灵活应对
　□ 我正在努力变得更加灵活
　□ 我确实需要在这方面努力改进

√ 我以什么频次使用灵活性词汇？
　□ 每天
　□ 有时候
　□ 从不

主题 4：灵活应对的原因

第十四课　灵活应对得到好结果

目标

本节课的目标是展示学生能够因为灵活应对而获得更多的掌控感，并增加他人对他们灵活性的认可。最直观的结果就是，学生更有可能获得自己喜欢的积极体验。换句话说，灵活应对增加了获得积极结果的可能性，比如获得额外的特权。学生将把这一概念应用于设计一个遵循相同规则的电子游戏。本节课包含两项活动。

活动所需材料

— 需自行准备：

- 白板或记录纸
- 记号笔或白板笔
- 胶带
- 3 张小纸片（分别标识数字 1、2、3）
- 弹珠（或类似的物品，如象棋子、宾果游戏币）
- 用来装弹珠的透明罐子
- 记录纸
- 记号笔
- 铅笔
- 视觉化小组强化物
- 每个学生的 UOT 笔记本

— 本书已含材料：

- 第十四课的 GWPDC
- 快问快答的问题
- 教师指导：灵活给你力量的情境
- 教师指导：弹珠罐——灵活应对声誉的情境
- 课堂练习 14
- 家庭练习 14

第十四课

导入	复习 & 游戏
复习 GWPDC 和快问快答	5 分钟

活动所需材料

– 需自行准备：
- 白板或记录纸和合适的记号笔
- 胶带
- 3 张小纸片（分别标识数字 1、2、3）

– 本书已含材料：
- 第十四课的 GWPDC
- 快问快答的问题

指导说明

1. 在课程开始前，将 GWPDC 写在白板上。

2. 与小组一起复习 GWPDC。

3. 完成快问快答活动。

* 完整的操作说明和技巧请参考 GWPDC 和快问快答活动的指导说明（主题 1 第二课）。

> 超越常规思维……
> 每个问题有不止一个正确答案。鼓励多名学生分享每个问题的答案。

目标（Goal）： 学习灵活应对如何增强我们的"力量"，以及反复灵活应对的重要性。

原因（Why）： 灵活应对能为我们带来更多"力量"，并帮助我们获得更多我们想要的东西。反复灵活应对有助于我们建立声誉。

计划（Plan）：

1. 快问快答。

2. 灵活的力量。

主题 4：灵活应对的原因

3. 我的灵活应对声誉。

4. 复习家庭练习。

执行（Do）：执行计划并获得积分。

检查（Check）：进展如何？我们达成目标了吗？为什么你的声誉很重要？

别忘了在 GWPDC 上勾选完成这个步骤！

快问快答的问题

1. 陷入困境有什么感受？

2. 选择灵活应对为什么感觉更好？

3. 如果我因晚餐必须吃到我想吃的比萨而陷入困境，我会说什么？如果我选择灵活应对，我又会说什么？

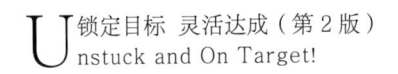

第十四课

活动 1
灵活的力量

小组活动
5~10 分钟

活动所需材料

— 需自行准备：
- 白板或记录纸
- 记号笔或白板笔

— 本书已含材料：
- 教师指导：灵活给你力量的情境

指导说明

强化！
为参与而加分。
"出色地参与！你们都向我展示了你们对这个重要的生活常识的理解——有时候你想要的无法实现，但你仍然有其他选择。"

1. 请学生回想一款有任务、旅程或挑战的电子游戏（如《超级马力欧兄弟》），确保每个学生都能想出一款游戏，并请一名学生描述他想到的游戏。进一步询问他与游戏相关的问题：游戏的名称是什么？游戏的目标是什么？游戏人物通过不同难度等级时会发生什么？游戏中是否有特殊的能力或技能可以帮助人物实现目标？游戏人物如何获得这些能力或技能？游戏中是否有额外的奖励分数或特别奖励？告诉学生，灵活性可以帮助他们获得"力量"或特权，就像游戏人物获得特别能力一样。

2. 问学生："你认为通过灵活应对情境可以获得什么力量？"答案可能包括获得更多的特权、拥有更多的独立性、赢得老师和家长更多的信任、让同学们更喜欢和自己待在一起、自己可以做决策而不是听大人的。

3. 朗读教师指导"灵活性给你力量的情境"中的内容。每读完一个情境，询问学生从灵活应对中可能获得哪些力量。将他们的答案记录在白板上。

别忘了在 GWPDC 上勾选完成这个步骤！

266

第十四课　教师指导

灵活给你力量的情境

情境 1

吉米喜欢比萨。他希望每天晚上都能吃比萨。他的父母决定每周五晚上家里都会办一个特别的"比萨之夜"。

吉米家的另一个传统是,过生日的人可以选择自己喜欢的食物作为晚餐。这个周五是吉米妹妹的生日。吉米意识到妹妹的生日是个特别的日子,决定灵活应对,不为取消"比萨之夜"而生气。

吉米因为能灵活应对而可能从父母那里获得什么样的特权?

情境 2

莎拉和妈妈以及她的朋友本一起去看新上映的电影《变形金刚》。当到达电影院时,他们发现电影票已售罄。莎拉对看不到《变形金刚》而感到失望,但她不希望因为第一个计划没能实现就结束她和朋友的快乐时光。莎拉决定灵活应对,选择看另一部电影。

莎拉因为灵活应对而可能从父母那里获得什么样的特权?

第十四课

活动 2　灵活应对的声誉

小组活动
20 分钟

活动所需材料

— 需自行准备：

- 弹珠（或类似的物品，如象棋子、宾果游戏币）
- 用来装弹珠的透明罐子（每个学生一个）
- 记录纸
- 记号笔

— 本书已含材料：

- 教师指导：弹珠罐——灵活应对声誉的情境

指导说明

在这节课上学生需要理解的概念是，当他们反复表现出灵活性时，他们就会建立起自己具有灵活性的声誉。人们开始认为他们很灵活，因此更有可能基于他们反复表现的灵活性而给予他们特权（"力量"）。

1. 让学生头脑风暴一些他们曾经需要灵活应对的情境（你可以使用提示来引导他们回答，例如吃晚餐、吃甜点、玩电子游戏、玩电脑游戏、排队、在运动队中负责某个位置、确定游戏的顺序或选择游戏等）。将他们的回答记录在纸上。

2. 告诉学生，当他们持续地表现出灵活性时，他们就会建立起自己具有灵活性的声誉。确保学生理解

> **强化！**
> 为参与而加分。
> "出色地参与！你们都理解了灵活性能赋予你们更多力量！"

主题4：灵活应对的原因

"声誉"的含义："你的行为会让人们对你形成一定的看法——这构成了你的声誉。当你有某种声誉时，人们会开始以某种特定的方式对待你。"举例说明"声誉"：（1）总是说"请"和"谢谢"的人是有礼貌的人；（2）喜欢跑来跑去、动来动去的人是精力充沛的人；（3）喜欢与人沟通并与他人玩游戏的人是友好的人。

3. 帮助学生建立个体声誉与人们如何对待个体之间的联系。直观地记录这些想法来帮助学生理解。例如：

a. 友好的声誉 = 人们愿意靠近你并和你一起玩游戏。

4. 让学生头脑风暴，如果他们有灵活应对的声誉，人们会用哪些不同的方式对待他们。使用对学生来说有意义的例子。例如：

a. 在没有甜点的情况下表现灵活 = 第二天得到额外的零食
b. 没看最喜欢的电影就按时上床睡觉 = 第二天可以晚睡
c. 让同学先排队 = 老师下次会优先安排我

5. 提醒学生，声誉是需要时间来逐渐建立的。当他们跟随着你了解示例情境时，他们将看到灵活性的声誉是如何发展形成的。

6. 给每个学生分发一个小罐子和一把弹珠。弹珠代表灵活应对的行为，而弹珠的累积代表声誉的形成与增长。

7. 大声朗读"弹珠罐——灵活应对声誉的情境"中

的内容。如果情境中的学生表现出灵活性，请聆听的学生将一个弹珠放入自己的罐子中；如果情境中的学生没有表现出灵活性，则不能放入弹珠。根据指导中的提示暂停，测试学生对灵活性、声誉以及何时选择刻板应对的理解。

8. 根据学生的理解水平重复练习这项活动。

a. 如果学生提出了个人示例，可以将其用作情境进行教学。

b. 虚构一名学生，该学生选择刻板的次数多于选择灵活的次数。这个学生会建立什么样的声誉？

9. 在活动结束时，回顾声誉是如何形成的。学生因该声誉可能获得什么样的特权？什么时候可以选择不灵活应对呢？

强化！
为提供个人示例而加分。
"谢谢你通过分享你的故事帮助我们学习。"

别忘了在 GWPDC 上勾选完成这个步骤！

第十四课　教师指导

弹珠罐——灵活应对声誉的情境

学生发现情境中的每一次灵活应对行为时，就在自己的罐子里放入一颗弹珠。在斜体文本处暂停朗读，提醒学生这些行为是如何帮助他们塑造声誉的。

1. 我最喜欢的冰激凌卖完了，所以我点了一个馅饼。
2. 操场的秋千有人玩了，所以我去玩滑梯。
3. 电脑没电了，所以我玩了桌游。
4. 我知道我的朋友喜欢排在第一个，所以我排在第二个。
5. 我和朋友都想当棒球比赛的投手，于是我让她投球，我当了接球手。

> *你的罐子现在看起来怎么样？根据你的罐子装满的程度，判断这个学生拥有什么样的声誉，并说明原因。*

6. 我妹妹在看电影，所以我玩电脑去了。
7. 我本来要吃烤吐司，但是吐司都吃光了，所以我选择吃麦片。
8. 我想读新的《哈利·波特》，但图书馆里的那本已经被借走了，所以我选了一本科幻小说。
9. 我的朋友不想让我和另一个同学一起玩。我告诉他我不想排挤那个同学，仍然跟那个同学一起玩。

> *这个学生灵活应对了吗？为什么没有？你认为他不灵活应对是可以被接受的吗？（是的，有时你需要坚持自己的信念。）这对他的声誉有什么影响？（他的罐子还是很满，所以他仍然有灵活应对的声誉。）*

10. 我想要一根巧克力棒，但只有彩虹糖。虽然它不是我最喜欢的，但我还是吃了彩虹糖。

11. 我本来要出去玩，但突然下雨了。我告诉老师我本想要出去玩，但我因为想着自己到底多想出去玩而陷入了困境。老师试图帮助我摆脱困境，但实在太难了。我被困在困境里，以至于无法制订 B 计划，也错过了课间在教室里玩的机会。然后，我因为没能玩而感到难过，老师建议我休息一下。休息之后，我感觉好一点了，但依然比平时更难集中精力做作业。所以我没完成的科学课的家庭作业比平时更多了。

12. 我想要坐靠近门的位置，但当我进入教室时，我的同学已经坐在那里了。我坐了另一个位置。

> 你的罐子现在看起来怎么样？重点说明哪怕这个学生陷入了困境，也没能完成作业，但他依然保有了自己的整体声誉。借着这个好机会重申一下，我们都会犯错，但没关系，我们可以从错误中学习。根据罐子装满的程度，判断这个学生有什么样的声誉。为什么？你认为这个学生因为有灵活应对声誉而可能获得哪些特权（力量）？

13. 我最喜欢的老师今天请假了，代课老师给我们上数学课。

14. 我每天下午都会和朋友玩一款桌游。在过去的六天里，他一直先开始游戏。今天他也想先开始，但我告诉他，我觉得如果今天让我先开始会更公平。

15. 我朋友答应今天把我最喜欢的漫画书带到学校给我，但他忘了。我因为今天很想看这本漫画而陷入了困境。我告诉老师我不想做早上的作业。老师帮助了我，但我因为花了很长时间从困境中走出，导致早上没时间做完数学作业。

主题 4：灵活应对的原因

> 你的罐子现在看起来怎么样？再次强调，尽管这个学生遇到了困难，但他大体上仍然是一个具有灵活应对声誉的学生。根据罐子装满的程度，判断这个学生有什么样的声誉。为什么？你认为这个学生因为有灵活应对声誉而可能获得哪些特权（力量）？

16. 由于我们班来了一位新同学，我不得不调整数学小组的成员。

17. 我的老师想重新安排学生的座位。她把我的桌子放在最后一排。我告诉她我坐在那里看不见白板，询问她我能不能继续坐以前的位置。

18. 我非常期待在课堂上做关于美国社区旅行的演讲，并准备了一个关于大城市轻轨交通的精彩内容。然而，就在轮到我之前，老师告诉我们时间不够了，剩下的演讲需要推迟到第二天。我因为非常想今天完成演讲而感到沮丧，甚至大喊"我讨厌时间不够"，还对刚刚做完演讲的朋友们发脾气，觉得是她们的错。老师提醒我遵守教室规则，于是我道了歉。尽管如此，我仍然希望自己能在第一天完成演讲。

> 你的罐子现在看起来怎么样？根据罐子装满的程度，判断这个学生有什么样的声誉。为什么？你认为这个学生因为有灵活应对声誉而可能获得哪些特权（力量）？

19. 因为下雪，学校延迟了两个小时上课，导致我们没能上我最喜欢的音乐课。我感到非常难过，甚至大喊"我被这场雪和学校的延迟气疯了"。老师提醒我要保持冷静。我问她是否可以想一个 B 计划，她告诉我下周还会有音乐课，并答应在室内课间休息时为我们播放音乐。

继续提供例子，直到你认为学生理解了灵活应对声誉的发展及其带来的积极结果。同时，他们还应理解在某些情况下坚持立场的重要性和正确性。这种特殊情况下的刻板应对并不会对个人的灵活应对声誉产生负面影响。

第十四课

结束
课堂练习和家庭练习

总结
5 分钟

活动所需材料

– 需自行准备：
- 铅笔（学生每人一支）
- 视觉化小组强化物
- 每个学生的 UOT 笔记本

– 本书已含材料：
- 课堂练习 14
- 家庭练习 14

指导说明

强化！
在课堂上，如果你发现学生正在坚持执行计划或遵守行为准则，请提醒他们正在努力实现的目标，并给予相应的强化。
"记住了，你们使用了尊重他人的词汇并赢得了积分。我们的积分数让我们更接近目标派对了。"

学生将复习家庭练习，并完成"目标—原因—计划—执行—检查"（GWPDC）的检查部分。

1. 分发家庭练习表。大声朗读目标。询问学生他们将和谁一起完成家庭练习。让学生知道，下次上课时，带来完成好的家庭练习表的学生将获得 1 积分。这个家庭练习的重点是 GWPDC。

建议

★ 遵循一致的流程复习和完成家庭练习。例如，复习家庭练习，监督所有学生将表格放入他们的家庭作业文件夹中，监督所有学生将作业内容写在家庭作业计划本上。

2. 引导学生将本次课程的所有作业资料归档到他们的 UOT 笔记本中。

3. 大声朗读第十四课的目标。询问学生是否能够实现目标。询问学生是什么帮助他们实现了目标。

4. 复习计划。询问学生是否能够执行计划。有无法完成的步骤吗？是否需要修改计划？

5. 提醒学生他们正在为获得一个小组的大奖励而努力。每天你会将他们的积分累加到积分库里。当他们累到＿＿＿积分时，他们将获得一次小组庆典或一份奖品。

6. 向所有与学生互动并能帮助学生练习新技能的教师分发课堂练习讲义，这对学生来说可能大有帮助。

别忘了在GWPDC上勾选完成这个步骤！

第十四课

课堂练习 14

课堂总结：今天，你的学生学习了灵活性如何帮助自己得到更多想要的东西，比如获得更多特权、拥有更多独立性、赢得老师和父母更多的信任、让同学们更喜欢和自己在一起，以及能够自己做决定而不是听大人的。一旦他们建立了有灵活性的声誉，他们就将拥有更多的特权。

为了支持你的学生学习和泛化，你可以：
帮助你的学生发现**灵活性**的益处：

灵活性的益处：

- 你能够得到更多自己想要的东西
- 你会有更好的感受
- 当你建立了"灵活应对声誉"时，他人会给予你更多选择的机会

刻板的代价：

- 你什么都得不到
- 你会感觉很糟糕
- 你拥有更少的选择

第十四课

家庭练习 14

你的孩子今天参加了 *UOT* 课程中的第十四次课。

课堂总结：今天，你的孩子学到了灵活性如何帮助自己得到更多想要的东西，比如获得更多特权、拥有更多自由、赢得老师和父母更多的信任、让伙伴们更喜欢自己，以及拥有更多的选择。一旦他们建立了有**灵活性的声誉**，他们就将拥有更多的特权。

在家中，你可以：
帮助你的孩子发现**灵活性**的益处：

灵活性的益处：

- 你能够得到更多自己想要的东西
- 你会有更好的感受
- 当你建立了"灵活应对声誉"时，他人会给予你更多选择的机会

刻板的代价：

- 你什么都得不到
- 你会感觉很糟糕
- 你拥有更少的选择

主题 4　成长报告

学生姓名：_____　　日期：_____

教师姓名：_____

在过去几周中，我们在主题 4 中教授了以下技能和概念：

- 有时我想要的无法实现
- 灵活应对声誉
- 困境 = 无选择
- 灵活 = 有选择

主题 4 技能	总是	有时	没有
1. 能够识别陷入困境的感受			
2. 能够识别陷入困境意味着没有选择			
3. 能够识别灵活应对意味着有很多选择			
4. 能够识别灵活应对声誉的益处			
小组的一个成就：			
需要继续努力的地方：			

_____（老师签字）

（请撕下并返还已签名的单据，确认你已收到进度报告）

我收到了 UOT 课程的成长报告

_____（家长签字）日期：_____

主题 5 你的目标是得偿所愿

特别说明：这些课程的核心目标是帮助学生明确目标的定义，以及如何设定和实现目标。尽管介绍目标概念和强化"目标—原因—计划—执行—检查"（GWPDC）脚本非常重要，但请教师对活动进行必要的调整以满足学生的不同需求。

总结：在本主题中，学生将学习如何设定目标，以及如何为实现该目标而制订计划。通过对本主题的学习，学生可以练习具有经验支持的脚本和"目标—原因—计划—执行—检查"（GWPDC）的例行程序。

先备技能：理解灵活性的含义；熟悉灵活性的词汇；了解灵活性的价值。

相关技能：语言理解的核心能力；确定具体目标的能力。

成果——掌握标准

1. 学生确定目标的定义。
2. 学生确定目标的内容。
3. 学生在最少提示的情况下应用 GWPDC 脚本来构建多步骤任务。

279

锁定目标 灵活达成（第2版）
Unstuck and On Target!

主题背景和基本原理

本主题练习并强化了 *UOT* 中许多活动所依据的基本脚本。这是一个通用且广泛适用的自我调节及解决问题的脚本，为处理问题、应对情况或完成项目提供了模板。脚本的第一部分介绍了目标的概念。明确目标的定义对患有孤独症谱系障碍或注意缺陷多动障碍的学生尤为重要，因为他们容易过度关注细节而忽略活动的主要目标。在这个主题中，学生通过一种称为 GWPDC 的标准操作程序来练习实现目标。学生被鼓励尝试制订自己的计划，然后评估计划的成功与否以及是否实现了目标。这有助于他们进行自我监控，而这通常是他们难以自然做到的。该程序的另一个优点是将重点放在计划上，而不是学生的困难上。因此，如果进展不顺，可以归因于计划无效，而非学生本人的无能。

第十五课　使用 GWPDC 制定和实现目标

目标

在这些课程中，学生将加深对"目标—原因—计划—执行—检查"（GWPDC）的理解。

学生将了解到，完成一个任务通常需要多个计划，即使一个计划无效也没关系，他们只需尝试另一个不同的计划即可。学生将运用"协商"策略，练习寻求帮助的技能，并在为实现目标而制订计划的过程中，识别并应对可能出现的干扰因素。本节课包含一项活动。

活动所需材料

— 需自行准备：
- 白板或记录纸
- 记号笔或白板笔
- 胶带
- 3 张小纸片（分别标识数字 1、2、3）
- 粉红豹的视频片段《变粉之前想一想》
- 铅笔
- 视觉化小组强化物
- 每个学生的 UOT 笔记本

— 本书已含材料：
- 第十五课的 GWPDC
- 快问快答的问题
- 讲义："变粉之前想一想"——GWPDC
- 课堂练习 15
- 家庭练习 15

锁定目标 灵活达成（第 2 版）
Unstuck and On Target!

第十五课

导入	复习 & 游戏
复习 GWPDC 和快问快答	5 分钟

活动所需材料

– 需自行准备：
- 白板或记录纸和合适的记号笔
- 胶带
- 3 张小纸片（分别标识数字 1、2、3）

– 本书已含材料：
- 第十五课的 GWPDC
- 快问快答的问题

指导说明

1. 在课程开始前，将 GWPDC 写在白板上。

2. 与小组一起复习 GWPDC。

3. 完成快问快答活动。

* 完整的操作说明和技巧请参考 GWPDC 和快问快答活动的指导说明（主题 1 第二课）。

强化……
遵守行为准则。每当学生遵守行为准则时，都给予其 1 积分。

目标（Goal）：为粉红豹撰写"目标—原因—计划—执行—检查"（GWPDC）。

原因（Why）：有时为了实现我的目标，我需要多个计划来确保我能得到我想要或我需要的。

计划（Plan）：

1. 进行快问快答环节。

2. 观看《变粉之前想一想》。

3. 观看《变粉之前想一想》并填写 GWPDC 作业纸。

主题 5：你的目标是得偿所愿

4. 复习家庭练习。

执行（Do）：执行计划并获得积分。

检查（Check）：进展如何？我们达成目标了吗？

记得在 GWPDC 上勾选完成这个步骤！

快问快答的问题

1. 什么是声誉?

2. 如果你以灵活闻名，说出你可能会做的两件事。

3. 如果你以不灵活闻名，或者被认为是一个总是陷入困境的人，请说出你可能会做的两件事。

283

第十五课

活动
"变粉之前想一想" —— GWPDC

视频与讨论
15 分钟

活动所需材料

- 需自行准备：
  - 白板或记录纸
  - 白板笔或记号笔
  - 粉红豹的视频片段《变粉之前想一想》

- 本书已含材料：
  - 讲义："变粉之前想一想" —— GWPDC

指导说明

1. 提前在互联网上搜索粉红豹的视频片段《变粉之前想一想》。找到视频后，请完整地观看一遍，确保选择了可公开观看的完整版本。

2. 向学生解释，一旦他们决定了要做什么（他们的目标）以及要实现这个目标的原因（他们的动机），他们就必须决定如何去实现（他们的计划）。在白板或记录纸上写下以下内容。用不同的颜色区分目标、原因和计划，并在这个主题中始终使用这些颜色区分目标、原因和计划。

    a. 目标：你想做什么
    b. 原因：你为什么想这样做
    c. 计划：你将如何去做

> **强化！**
> 奖励参与者积分。
> "非常棒的参与！你们都向我展示了你们理解了这个重要的人生事实——有时候你无法实现想要的，但你仍然有选择的机会。"

3. 告知学生，他们即将观看粉红豹尝试实现目标的视频。播放视频片段。在观看过程中，让学生弄清楚粉红豹的目标是什么，以及他尝试了多少种计划。

4. 在视频结束时，向学生提问：

a. 粉红豹的目标是什么？（过马路）

b. 他为什么想过马路？（当然是为了到马路另一侧）

c. 粉红豹用了一个计划还是多个计划？（多个计划）

d. 有人能说出粉红豹用了多少个计划吗？（他尝试了 12 次）

e. 有人能说出粉红豹的一些计划吗？（讨论几个计划的内容）

5. 充分解释只有一个计划——A 计划是不够的。学生至少需要另一个计划——B 计划。实际上，他们可能需要很多个计划。

6. 在白板上写下以下内容：

a. 从 A 计划和 B 计划开始。

b. 你可能需要很多个计划。

7. 分发讲义"'变粉之前想一想'——GWPDC"。以小组为单位，填写目标（过马路）和原因（到马路另一侧）。告诉学生你将再次播放视频。这次他们的任务是记录粉红豹尝试的每个计划的内容（填在计划的空格里），并评估其效果（填在检查的空格里）。反思粉红豹为了实现目标尝试了多少个计划。如果他在 C 计划或 D 计划失败后放弃了，会发生什么？

285

建议

★ 作业纸上有很多文字。如果学生感到视觉上有压力，教师可以将其剪成条状并遮挡，只露出当下需要填写的部分，或以小组形式完成。

8. 强调只有一个计划是不够的，可能需要很多计划。

记得在 GWPDC 上勾选完成这个步骤！

第十五课　讲义

"变粉之前想一想" —— GWPDC

目标（G）	
原因（W）	

计划（P）	A	检查： 他实现目标了吗？　是　否 进展如何？　不太好　还行　良好
	B	检查： 他实现目标了吗？　是　否 进展如何？　不太好　还行　良好
	C	检查： 他实现目标了吗？　是　否 进展如何？　不太好　还行　良好
	D	检查： 他实现目标了吗？　是　否 进展如何？　不太好　还行　良好
	E	检查： 他实现目标了吗？　是　否 进展如何？　不太好　还行　良好
	F	检查： 他实现目标了吗？　是　否 进展如何？　不太好　还行　良好
	G	检查： 他实现目标了吗？　是　否 进展如何？　不太好　还行　良好
	H	检查： 他实现目标了吗？　是　否 进展如何？　不太好　还行　良好
	I	检查： 他实现目标了吗？　是　否 进展如何？　不太好　还行　良好
	J	检查： 他实现目标了吗？　是　否 进展如何？　不太好　还行　良好
	K	检查： 他实现目标了吗？　是　否 进展如何？　不太好　还行　良好
	L	检查： 他实现目标了吗？　是　否 进展如何？　不太好　还行　良好

第十五课

结束
课堂练习和家庭练习

⭐ 总结
🕐 5 分钟

活动所需材料

🛒 – 需自行准备：

- 铅笔（学生每人一支）
- 视觉化小组强化物
- 每个学生的 UOT 笔记本

✂ – 本书已含材料：

- 课堂练习 15
- 家庭练习 15

指导说明

学生将复习家庭练习，并完成"目标—原因—计划—执行—检查"（GWPDC）的检查部分。

1. 分发家庭练习表。大声朗读目标。询问学生他们将和谁一起完成家庭练习。让学生知道，下次上课时，带来完成好的家庭练习表的学生将获得 1 积分。

建议

★ 遵循一致的流程复习和完成家庭练习。例如，复习家庭练习，监督所有学生将表格放入他们的家庭作业文件夹中，监督所有学生将作业内容写在家庭作业计划本上。

2. 引导学生将本次课程的所有作业资料归档到他们的 UOT 笔记本中。

3. 对着全班大声朗读第十五课的目标。询问学生是否能够实现目标。请学生指出是什么帮助他们实现了目标。

4. 复习计划。询问学生是否能够执行计划。有无法完成的步骤吗？是否需要修改计划？

主题5：你的目标是得偿所愿

5. 提醒学生他们正在为获得一个小组的大奖励而努力。每天你会将他们的积分累加到积分库里。当他们累到_____积分时，他们将获得一次小组庆典或一份奖品。

6. 向所有与学生互动并能支持他们学习新技能的教师分发课堂练习讲义，这对学生来说可能大有帮助。

记得在 GWPDC 上勾选完成这个步骤！

第十五课

课堂练习 15

课堂总结：今天，你的学生在 UOT 小组中转换了主题，开始培养新的目标设定和计划技能。这些新技能将建立在目前已学的所有灵活性技能的基础之上，同时也延续了第二课中关于目标设定和计划的初步介绍。

为了支持你的学生学习和泛化，你可以：

1. 试着帮助你的学生了解设定自己的目标和制订计划的好处：

   - 如果你设定自己的目标，你更能得偿所愿！

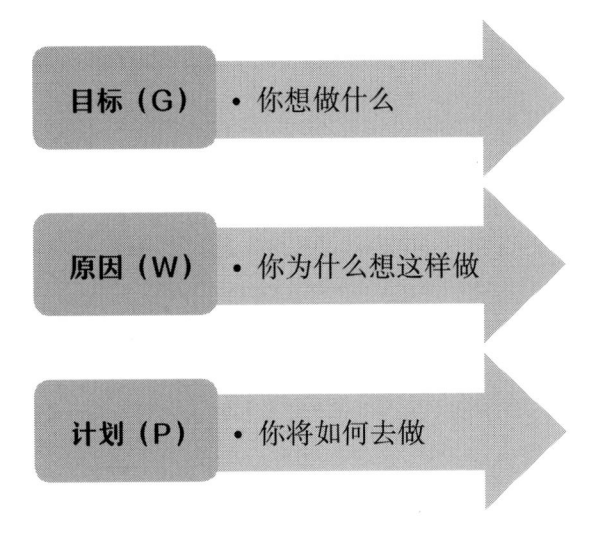

目标（G）	• 你想做什么
原因（W）	• 你为什么想这样做
计划（P）	• 你将如何去做

2. 你的学生观看了视频《变粉之前想一想》，其中粉红豹制订了 12 个不同的计划来穿过车水马龙的街道。如果你的学生遇到困难，问他们："现在粉红豹会怎么做？"（他们会想出另一个计划！）

3. 如果你需要更多的在课堂上设定目标的例子，请重新参考课堂练习 2，它介绍了"目标—原因—计划—执行—检查"所用的词汇。

第十五课

家庭练习 15

你的孩子今天参加了 *UOT* 课程中的第十五次小组课。

课程总结：今天，你的孩子在 *UOT* 的小组中转换了主题，开始培养新的目标设定和计划技能。这些新技能将建立在目前已学的所有灵活性技能的基础之上，同时也延续了第二课中关于目标设定和计划的初步介绍。

在家中，你可以：

1. 复习家庭练习 2 中关于"目标—原因—计划—执行—检查"的内容。
2. 试着帮助你的孩子了解设定自己的目标和制订计划的好处：
   - 如果你设定自己的目标，你更能得偿所愿！

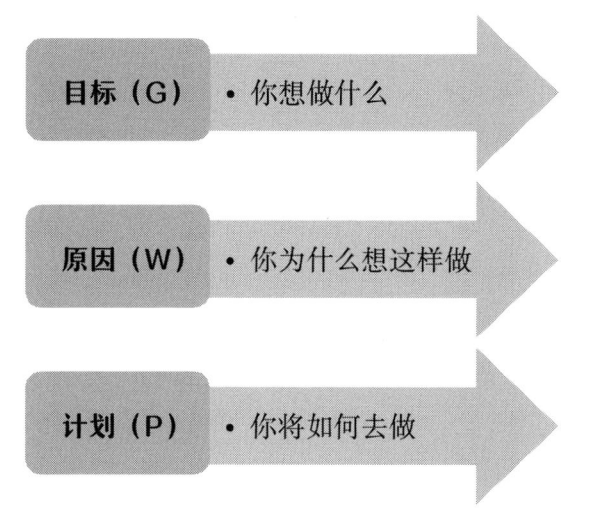

目标（G）	• 你想做什么
原因（W）	• 你为什么想这样做
计划（P）	• 你将如何去做

3. 你的孩子观看了视频《变粉之前想一想》，其中粉红豹制订了 12 个不同的计划来穿过车水马龙的街道。
   - 请你尝试在互联网上搜索这段视频并与孩子一起观看，并与孩子讨论粉红豹是如何不放弃目标的。
   - 如果你的孩子遇到困难，问问他："现在粉红豹会怎么做？"（他会想出另一个计划！）

第十六课　GWPDC 的应用与练习

🎯 目标

学生练习使用"目标—原因—计划—执行—检查"（GWPDC）来解决问题，并实现对他们有意义的目标。这种指导下的练习对于培养日常使用 GWPDC 的习惯至关重要。除了指导下的练习外，教师在一天中的每个常规活动中嵌入 GWPDC 的常用语言也是必不可少的。本节课包含一项活动和两项额外备选的活动。

活动所需材料

– 需自行准备：

- 白板或记录纸
- 记号笔或白板笔
- 胶带
- 3 张小纸片（分别标识数字 1、2、3）
- 麦片
- 牛奶
- 碗
- 汤勺
- 厨房用纸
- 视频片段：粉红豹的《粉色之夜》
- 铅笔
- 视觉化小组强化物
- 每个学生的 *UOT* 笔记本

– 本书已含材料：

- 第十六课的 GWPDC
- 快问快答的问题
- 课堂练习 16
- 家庭练习 16

主题 5：你的目标是得偿所愿

第十六课

导入	复习 & 游戏
复习 GWPDC 和快问快答	5 分钟

活动所需材料

— 需自行准备：
- 白板或记录纸和合适的记号笔
- 胶带
- 3 张小纸片（分别标识数字 1、2、3）

— 本书已含材料：
- 第十六课的 GWPDC
- 快问快答的问题

指导说明

1. 在课程开始前，将 GWPDC 写在白板上。
2. 与小组一起复习 GWPDC。
3. 完成快问快答活动。

* 完整的操作说明和技巧请参考 GWPDC 和快问快答活动的指导说明（主题 1 第二课）。

> 检查理解情况……
> 请学生用自己的话解释"原因"对应的内容。

> 强化
> 当学生说不知道答案并寻求帮助时给予积极反馈。

目标（Goal）： 创建一个"目标—原因—计划—执行—检查"GWPDC 方案。

原因（Why）： 总有一些我想要或需要的东西（这些是我的目标）。为了确保我得到我想要或需要的东西，我需要制订一个 A 计划，有时还需要一个 B 计划。

计划（Plan）：
1. 快问快答。
2. 小组 GWPDC 方案。

293

3. 学习目标设定。

4. 复习家庭练习。

执行（Do）：执行计划并获得积分。

检查（Check）：进展如何？我们达成目标了吗？今天 B 计划是怎么帮到我们的？

别忘了在 GWPDC 上勾选完成这个步骤！

快问快答的问题

1. 什么是目标？

2. 为了帮助我们实现目标，我们需要制订什么计划？

3. 如果 A 计划不成功，我们该怎么办？

主题 5：你的目标是得偿所愿

第十六课

活动（备选）
麦片

小组活动
30 分钟

活动所需材料

— 需自行准备：

- 白板或记录纸
- 记号笔或白板笔
- 麦片
- 牛奶
- 碗
- 汤勺
- 厨房用纸（以防牛奶洒了）

建议

★ 通读整个活动材料并考虑你学生的情况。如果你的学生对食物有强烈的偏好、过敏反应，或者获取材料太困难，请根据实际情况调整活动内容。选择学生可能会参与或会期待结果的活动。以下是替代活动的一些例子：让学生告诉你如何刷牙、你根据学生的描述画出物品、使用沙滩球进行接力游戏或搭乐高等。

指导说明

这项有趣的活动旨在通过尝试使用 GWPDC 来帮助学生改进解决问题的方法。

1. 简要回顾 GWPDC。介绍这项活动时可以说："今天我们将练习使用'目标—原因—计划—执行—检查'来制作一碗麦片。"询问有多少学生知道如何制作麦片。

2. 将所有的食材展示给学生看。

3. 请学生告诉你目标是什么。在白板上写下这个目标。

4. 请学生告诉你计划中的第一步应该做什么，并将这个步骤写在白板上。然后，让他们继续提供计划的后续步骤，并按照顺序逐一记录在白板上。

5. 当他们认为自己已经提供了所有步骤时，向他们解释现在将按照他们的计划执行。严格按照白板上的步骤进行操作。如果某一步骤写着"把麦片放进碗里"，那就把整盒麦片放进碗里（不打开包装）。

6. 继续执行计划，直到你完成所有步骤。

7. 要求学生进行检查——评估他们的计划的执行情况。让他们使用以下分制进行评分。

```
 1    2    3    4    5    6    7    8    9    10
没有成功         有些成功了              成功了
```

8. 询问学生是否需要修改计划里的一些步骤。在原计划旁边写下"B 计划"。告诉他们，有时在检查阶段，他们可能会需要一个 B 计划，这意味着他们将重新回到计划阶段。

9. 再次按上述步骤逐步进行，重新书写那些成功的步骤，并修改需要改变的步骤。

10. 按照白板上改好的步骤执行新计划。这次应该能够成功。

11. 然后进行检查——让学生使用评分表，并讨论新计划的执行情况。

```
 1    2    3    4    5    6    7    8    9    10
没有成功         有些成功了              成功了
```

12. 总结活动时，重点强调学生在制订另一个计划时表现出的灵活性，以及他们在计划制订方面的专业性。

第十六课

附加活动 1（备选）
什么是核心目标？

⭐ 演讲
🕐 5 分钟

活动所需材料

🛒 – 需自行准备：
- 白板或记录纸
- 记号笔或白板笔

指导说明

在这节课中，学生会复习"目标"的基本定义并学习"核心目标"的定义。

1. 解释核心目标是指比你当下任何其他想要或需要做的事情更重要的事情。

2. 解释通常有很多事情同时发生，因此在任何时刻都专注于最重要的目标（核心目标）是至关重要的。

3. 提供一些例子来说明这一观点。

- 我的核心目标是下课前完成作业。有哪些干扰性目标可能会阻碍我实现核心目标？
  - 和朋友聊天
  - 阅读我从家里带来的书籍
- 请学生帮助你想出一个方法，既能让你继续朝着你的核心目标努力，又能让你完成干扰性目标。
  - 完成我的作业，然后计划在课间休息时和朋友聊天。
  - 完成了作业之后才可以阅读书籍。
- 我的核心目标是完成家庭作业。有哪些干扰性目标可能会阻碍我实现核心目标？

- 玩电子游戏
- 小睡一会儿
- 煲电话粥

- 请学生帮助你想出一个方法，既能让你继续朝着你的核心目标努力，又能让你完成干扰性目标。
  - 完成家庭作业后再玩电子游戏。
  - 定闹钟，小睡10分钟，然后完成家庭作业。

第十六课

附加活动 2
核心目标的示例

看视频并讨论
20 分钟

活动所需材料

— 需自行准备：
- 白板或记录纸
- 白板笔或记号笔
- 视频片段：粉红豹的《粉红之夜》

指导说明

1. 提前在互联网上搜索粉红豹的《粉色之夜》视频片段。找到视频后,请完整地观看一遍,确保选择了可公开观看的完整版本。

2. 告知学生即将观看一段粉红豹的视频片段。粉红豹有一个核心目标,但其他目标总是不断干扰他实现核心目标。请学生思考粉红豹的核心目标可能是什么。

3. 让学生观看视频。

4. 观看完视频后,提出以下问题并将学生的答案写在白板上:

a. 粉红豹的核心目标是什么?(他想准时赶上火车,所以他需要按时起床。)

b. 他的其他目标是什么?(可能的答案包括继续睡觉、让闹钟保持安静、让鸟儿安静、吃早餐。)对学生的答案进行回应。

5. 为学生总结,在核心目标与他们想要的其他目标之间保持平衡可能非常困难。在视频中,粉红豹想多睡一会儿,但当错过火车时他又感到非常沮丧。向学生说明,全班将继续一起学习在其他目标也很有吸引力的情况下,如何设定一个核心目标并实现它。

Unstuck and On Target! 锁定目标 灵活达成（第2版）

第十六课

结束
课堂练习和家庭练习

总结

5分钟

活动所需材料

– 需自行准备：
- 铅笔（学生每人一支）
- 视觉化小组强化物
- 每个学生的 UOT 笔记本

– 本书已含材料：
- 课堂练习 16
- 家庭练习 16

指导说明

> **强化……**
> 坚持执行计划并遵守行为准则。
> "请记住，每次我们与他人礼貌对话都能获得积分，而足够的积分将让我们赢得一次庆祝灵活性活动。"

学生将复习家庭练习，并完成"目标—原因—计划—执行—检查"（GWPDC）的检查部分。

1. 分发家庭练习表。大声朗读目标。询问学生他们将和谁一起完成家庭练习。让学生知道，下次上课时，带来完成好的家庭练习表的学生将获得 1 积分。

建议

★ 遵循一致的流程复习和完成家庭练习。例如，复习家庭练习，监督所有学生将表格放入他们的家庭作业文件夹中，监督所有学生将作业内容写在家庭作业计划本上。

2. 引导学生将本次课程的所有作业资料归档到他们的 UOT 笔记本中。

3. 对着全班大声朗读第十六课的目标。询问学生是否能够实现目标。请学生指出是什么帮助他们实现了目标。

4. 复习计划。询问学生是否能够执行计划。有无法完成的步骤吗？是否需要修改计划？

建议

★ 制作麦片的活动可能会经历许多错误并造成一些混乱，但这为学生提供了大量反思和调整计划的机会。

5. 提醒学生他们正在为获得一个小组的大奖励而努力。每天你会将他们的积分累加到积分库里。当他们累到＿＿＿积分时，他们将获得一次小组庆典或一份奖品。

6. 向所有与学生互动并能帮助学生练习新技能的教师分发课堂练习讲义，这对学生来说可能大有帮助。

记得在 GWPDC 上勾选完成这个步骤！

第十六课

课堂练习 16

课堂总结：今天，你的学生学会了如何检查他们的计划是否生效。这个自我评估过程对学生实现自己的目标至关重要。

为了支持你的学生学习和泛化，你可以指出：

学生在尝试实现他们的目标时可能会遇到两个问题。

- 首先，**计划**可能不起作用。学生可以检查他们的计划是否有效，就像他们在数学课上检查作业一样，或者像你确认自己是否完成了食谱的所有步骤一样。有时，计划的某些部分可能有效，但也可能遗漏了重要步骤，或者一个全新的计划可能会更合适。
    - "让我们**检查**一下我们的**计划**是否有效。"
    - "我们需要改变**计划**吗？"
    - "看起来我们可能需要一个 B 计划。"
- 其次，学生可能会遇到一些**干扰因素**。他们一旦受到干扰就无法实现目标，因为他们没有持续执行自己的计划。
    - "我们坚持执行**计划**了吗，还是受到**干扰**了？"
    - "我们是否持续**专注**在实现**目标**上？"
    - "让我们专注于计划的下一步，这样我们才能实现**目标**。"

第十六课

家庭练习 16

你的孩子今天参加了 *UOT* 课程中的第十六次课。

课堂总结：今天，你的孩子学习了如何检查计划是否有效。这个自我评估过程对你的孩子成功实现自己的目标至关重要。

在家中，你可以指出：

你的孩子在尝试实现目标时可能会遇到两个问题。

- 首先，**计划**可能不起作用。你的孩子可以检查他们的计划是否有效，就像他们在数学课上检查作业一样，或者像你确认自己是否完成了食谱的所有步骤一样。有时，计划的某些部分可能有效，但也可能遗漏了重要步骤，或者一个全新的计划可能会更合适。
    - "让我们**检查**一下我们的**计划**是否有效。"
    - "我们需要改变**计划**吗？"
    - "让我们检查一下 A 计划，看看是否需要一个 B 计划。"
- 其次，你的孩子可能会遇到一些**干扰因素**诱惑着他们。你的孩子一旦受到干扰就无法实现目标，因为他们没有持续执行自己的计划。
    - "我们坚持执行**计划**了吗，还是受到**干扰**了？"
    - "我们是否持续**专注**在实现**目标**上？"
    - "我觉得我们可能被干扰得偏离了目标。我们还想实现**目标**吗？"

第十七、十八课　GWPDC 挑战赛

目标

学生通过使用"备选计划"（B 计划）来练习如何求助、妥协及抗干扰。此外，第十八课提供了多种机会，让学生在各种情境中练习"目标—原因—计划—执行—检查"（GWPDC），并进一步练习制订备选计划（B、C、D 计划等）。这种指导下的练习对于促进学生在日常生活中灵活运用 GWPDC 至关重要。除了指导下的练习外，教师还需要在日常的每个环节中融入 GWPDC 的常用语言。这两节课包含两项活动。

特别提示：

1. 这两节课需要 2 天才能完成。
2. 这两节课的设置比常规的 UOT 课程活动更为复杂。

活动所需材料

— 需自行准备：

- 白板或记录纸
- 记号笔或白板笔
- 胶带
- 3 张小纸片（分别标识数字 1、2、3）
- 书本 / 游戏
- 第一站游戏（参考活动 2）
- 一张纸
- 铅笔
- 视觉化小组强化物
- 每个学生的 UOT 笔记本

— 本书已含材料：

- 第十七、十八课的 GWPDC
- 快问快答的问题
- 讲义：第一站 GWPDC
- 讲义：第二站协商
- 讲义：第三站 GWPDC
- 课堂资料：第四站干扰游戏卡
- 课堂资料：第四站干扰游戏卡参考答案
- 课堂资料：第四站干扰游戏追踪表
- 讲义：第五站 GWPDC
- 讲义：第五站 GWPDC 情境
- 课堂练习 17&18
- 家庭练习 17&18

主题 5：你的目标是得偿所愿

第十七、十八课

导入	复习 & 游戏
复习 GWPDC 和快问快答	5 分钟

活动所需材料

– 需自行准备：
- 白板或记录纸和合适的记号笔
- 胶带
- 3 张小纸片（分别标识数字 1、2、3）

– 本书已含材料：
- 第十七、十八课的 GWPDC
- 快问快答的问题

指导说明

1. 在课程开始前，将 GWPDC 写在白板上。
2. 与小组一起复习 GWPDC。
3. 完成快问快答活动。

* 完整的操作说明和技巧请参考 GWPDC 和快问快答活动的指导说明（主题 1 第二课）。

> **强化！**
> "每当学生使用 GWPDC 语言时，就在白板上记 1 积分！"

目标（Goal）：创建 GWPDC 方案以实现我们的目标。
　✓ 请求帮助
　✓ 进行协商
　✓ 制订 B 计划
　✓ 对抗干扰

原因（Why）：总有些东西是我想要或需要的，这就成了我的目标。我需要很多工具来确保我能得到我想要或需要的。

305

计划（Plan）：

1. 快问快答。

2. B 计划策略。

3. GPWPDC 站点。

4. 复习家庭练习。

执行（Do）：执行计划并获得积分。

检查（Check）：进展如何？我们达成目标了吗？站点中有什么困难的部分？站点中有什么轻松的部分？

别忘了在 GWPDC 上勾选完成这个步骤！

快问快答的问题

1. GWPDC 代表了什么意思？

2. 请你说出你一天内的两个目标。

3. 如果你的 A 计划无效，并且你拒绝制订 B 计划，会发生什么？

第十七、十八课

活动 1
B 计划策略

讨论
5 分钟

活动所需材料

– 需自行准备：
- 白板或记录纸
- 记号笔或白板笔
- 书籍或游戏（"求助"情境的道具）

指导说明

1. 在白板上写下"目标""原因""A 计划""B 计划""执行""检查"。

2. 提醒学生，每当 A 计划无效时，我们总是有制订 B 计划的选择。强调有无数的方法可以制订 B 计划，但今天我们要讨论在 A 计划失败时可能有用的其他策略。

在白板上画出的一个大圈里写下"B 计划策略：寻求帮助、对抗干扰、协商"。复习 B 计划里的每个策略。

策略 1：寻求帮助

3. 在接下来的活动中，你将尝试把一大堆东西搬到教室前方，假装东西太多并在搬运过程中掉下一些物品。

在白板上"目标"的旁边写上"把书籍和游戏用品搬到教室前方"。在"A 计划"旁边写上：（1）捡起书籍和游戏用品。（2）把书籍和游戏用品搬到教室前

> **强化！**
> 表扬学生提出备选的 B 计划的行为。

方。(3) 放好书籍。尝试完成任务,过程中掉落几本书,然后最终放弃。到白板前,让学生以小组为单位反思搬书的情况。在"检查"旁边写上:"无法独自搬动书籍。A 计划没有成功。"建议学生制订一个 B 计划。要求学生查看白板上列出的策略,然后选择一个可能合适的 B 计划,如寻求帮助。进行寻求帮助的角色扮演。完成任务后,请学生反思整个过程。在"检查"旁边写上:"B 计划成功,书籍和游戏用品已经搬到新的位置。"

询问学生是否能想到其他可能有效的 B 计划,如一本一本地搬书等。

策略 2:协商

4. 大声朗读以下情境:

> 约翰和鲍比想在课间休息时一起愉快玩耍。约翰想踢足球,鲍比想打篮球。我们怎么做能使两个人都实现他们的目标?

要求学生查看白板,并选择一个可能合适的 B 计划策略,如协商。

在白板上写下"目标 1""目标 2""协商""计划""执行""检查"。这是主题 2 介绍过的协商技能的框架。

根据情境填写目标 1(在课间休息时愉快玩耍)/计划 A(打篮球),以及目标 2(在课间休息时愉快玩耍)/计划 A(踢足球)。请学生帮你想一个协商的内容,并共同制订一个 B 计划。

策略3：对抗干扰

5. 提醒学生，我们整天都在设定目标。有时候，事物、人或事件可能会阻碍我们实现目标，这些被称为干扰因素。我们对抗干扰的方法是始终想着我们的目标及完成目标所需的步骤。

请学生思考他们如何对抗干扰。

> 在白板上写下"目标—原因—计划—执行—检查"。
>
> 你真心希望明天数学考试可以取得好成绩。你计划放学后到家就开始学习。

根据你所知道的填写GWPDC（目标＝考试取得好成绩；原因＝因为你想在成绩单上记录好的成绩；计划＝今晚学习）。

继续这个场景。

> 回家的路上，你的朋友询问能否去你家打昨天你刚开打的电子游戏。这是你最喜欢的电子游戏，你确信自己会赢。

请学生识别可能会干扰并阻碍他们实现目标的事务（玩电子游戏）。询问学生这两件事是否都重要（是的）。他们能否想到一种方法，既能防止目标的实现受到干扰，又能同时完成两件事？（如玩20分钟电子游戏再学习，学习1小时后再打电话让朋友过来玩，让朋友第二天再过来等。）

别忘了在GWPDC上勾选完成这个步骤！

第十七、十八课

活动 2（备选）
GWPDC 挑战赛

🎬 挑战赛
🕐 2 分钟

活动所需材料

— 需自行准备：
- 白板或者记录纸
- 记号笔或者白板笔
- 站点 1 游戏——移除游戏碎片（确保挑选了可以快速进行且学生都熟悉的游戏）
- 一张纸（站点 3）

— 本书已含材料：
- 讲义：第一站 GWPDC
- 讲义：第二站协商
- 讲义：第三站 GWPDC
- 课堂资料：第四站干扰游戏卡
- 课堂资料：第四站干扰游戏卡参考答案
- 课堂资料：第四站干扰游戏追踪表
- 讲义：第五站 GWPDC
- 讲义：第五站 GWPDC 情境

指导说明

> **使强化具有意义且及时**
>
> 为每位学生发放一张指示卡，当你在教室里巡视时，为学生遵守行为准则和完成 GWPDC 的每一个步骤给予积分。

1. 将学生两两分组。

2. 告知学生，在接下来的两节课中，他们将参加"目标—原因—计划—执行—检查"（GWPDC）挑战。在每个站点，他们需要揭示完成 GWPDC 所需使用的策略。

让学生知道，当他们通过各个站点时，他们将有许多机会赢得积分。

- 每完成 GWPDC 的一个步骤，他们将为小组赢得 1 积分。
- 他们将因遵守行为准则而获得积分。

建议

★ 这是一个复习行为准则的好时机。请学生思考每一条准则的含义，以及在与同伴合作时如何具体体现这些准则。（例如："如果你尊重他人，当你与同伴有不同想法时，你会如何表达？"）

3. 指向白板上关于活动 1 的 "B 计划策略"。阅读策略并提醒学生在挑战时可能需要使用这个策略。在教室里巡视并简要解释每个站点的指示。

第一站：你们的目标是玩这个游戏。你们的任务是完成这个目标。当你们坐好后，你和同伴需要一起制订一个如何完成这个目标的计划。如果由于某些原因你们的 A 计划无效，你们将需要一个 B 计划。

站点设置：GWPD 第一站作业纸；一款学生熟悉并可以迅速进行的游戏，但移除游戏里的一个关键部分（例如，移除四连棋游戏中的红色棋子）；铅笔。当学生完成 GWPDC 后，他们将完成一个"情感链"来梳理他们的体验。

第二站：阅读作业纸上的第一个情境。选择一个 A 计划，并写在作业纸上。如果你们的 A 计划互不相同，可能需要进行协商使计划一致。

站点设置：协商第二站的作业纸；铅笔。

第三站：你的目标是制作一架纸飞机。你将制订一个完成这个目标的计划。按照计划执行，如果计划无效，要检查你的策略并制订一个 B 计划。

站点设置：一张用于制作纸飞机的纸；GWPDC 作业纸。

第四站：在这个站点，学生将参加干扰游戏。目标是获得 50 积分并到达积分图的顶端。每个学生从一堆卡片中选择一张。大声朗读卡片，并想出一个计划来同时实现他们的干扰目标和核心目标。每次他们想出一个同时实现两个目标的计划时，就可以在一个 5 分值的格子里涂色。学生应轮流进行，直到获得 50 积分为止。

站点设置：干扰游戏追踪表；干扰游戏卡（12 张）；干扰游戏卡片参考答案。

第五站：计划好挑战的内容。在这个站点，你的目标不仅是创建 B、C、D 计划，而且要制订尽可能多的计划来实现你的目标。看看你是否能制订出 Z 计划！

站点设置：GWPDC 第五站作业纸；情境卡片；铅笔。

建议

★ 如果写字对你的学生来说比较困难，你可以通过提供写在纸条上的答案来调整活动难度，这样学生可以选择答案，将答案排序并将答案粘贴到作业纸上；你也可以鼓励学生写下单一词语的答案，或者将作业纸的大部分内容预先填写好，只留下关键答案部分的空白。

★ 如果两两合作对学生来说太难，可以改为以小组活动的形式进行。

★ 为每个站点创建指示卡作为参考，帮助学生明确在每个站点需要完成的任务。

记得在 GWPDC 上勾选完成这个步骤！

主题 5：你的目标是得偿所愿

第十七、十八课　讲义

第一站 GWPDC

	GWPDC	
目标		
原因		
计划	A	B
执行		
检查	我完成我的目标了吗？进展如何？ 　　1　　　　2　　　　3　　　　4　　　　5 　不太好　　　　部分还行　　　　是的，很棒	

313

第十七、十八课 讲义

主题 5

第一站 GWPDC

想想当意外情况发生时你的感受，以及当你解决问题后你的感受。填写以下情绪链。

事件

⬇

感受

描述情绪：　　　　　　　　等级：

暂停 ⏸ 暂停

行为

⬇

他人感受

⬇

结果

⬇

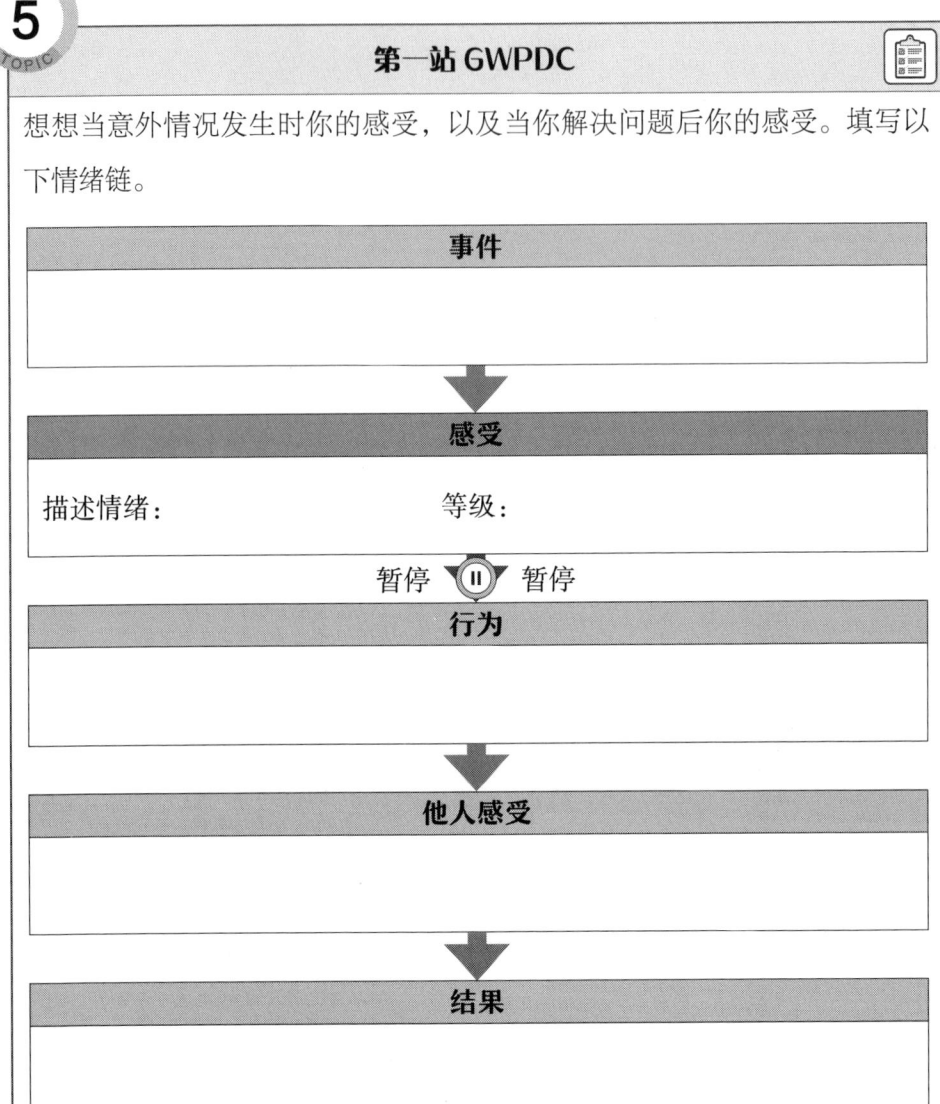

我的感受

描述情绪：　　　　　　　　等级：

第十七、十八课　讲义

第二站协商

姓名_____

协商站点

选择新事物	• 选择你们都喜欢的新事物。 • 例如：我想要小熊软糖，你想要巧克力，我们一起吃扭扭软糖吧。
整合想法	• 把你们的想法结合起来。 • 例如：我喜欢巧克力味的纸杯蛋糕，你喜欢香草味的，我们一起做带香草糖霜的巧克力味纸杯蛋糕吧。
轮流	• 每个人都有机会做他们喜欢的事情。 • 例如：我想打篮球，你想踢足球。我们先踢足球，然后再打篮球。

你负责为即将到来的班级聚会选择一种特别的零食。

选择一种零食。

你和你的搭档选择了一样的零食吗？　　是　　否

你们需要协商吗？尝试整合不同想法。你们的共识是什么？

_____

现在是休息时间。全班同学将一起玩一个游戏。应该玩什么游戏？

选择一个游戏。

你和你的搭档选择了一样的游戏吗？　　是　　否

你们需要协商吗？试着轮流进行。你们的计划是什么？

U 锁定目标 灵活达成（第2版）
nstuck and On Target!

今天全班同学可以看一部电影。你认为应该看什么电影？

选择一部电影。

你和你的搭档选择了一样的电影吗？　　是　　否

你们需要协商吗？试着选择新事物。你的计划是什么？

你觉得通过协商来解决问题会是什么感觉？

选择一个你们协商好的方案并完成这个情绪链。

事件

⬇

感受

描述情绪：　　　　　　　等级：

暂停 ⏸ 暂停

行为

⬇

他人感受

⬇

结果

⬇

我的感受

描述情绪：　　　　　　　等级：

第十七、十八课　讲义

第三站 GWPDC

	GWPDC	
目标		
原因		
计划	A	B
执行		
检查	我实现目标了吗？进展如何？ 　　　1　　　　2　　　　3　　　　4　　　　5 　　不太好　　　　部分还行　　　是的，很棒	

主题 5：你的目标是得偿所愿

317

第十七、十八课　课堂资料

第四站干扰游戏卡

我的目标是取得好成绩。 我真的很想玩电子游戏，但我还有作业要做。 我制订了一个计划，这样我就可以两者兼顾。 我的计划是……	我的目标是吃得健康。今天是我朋友的生日，我想吃一个蛋糕和一些糖果。我制订了一个计划，既可以吃蛋糕，又可以实现我的核心目标。 我的计划是……
我的名字是蝙蝠侠。我的目标是保护哥谭市免受邪恶的侵害。 我感觉很累，需要小睡一下。我制订了一个计划，这样我可以休息一下，同时还能拯救城市。 我的计划是……	我是海绵宝宝。我的目标是成为海洋中最好的油炸厨师。 派大星想让我去参加他的生日派对。我制订了一个计划，这样我就既可以继续在蟹堡王工作，又可以见到我的好朋友。 我的计划是……
我的名字是欧比旺·克诺比，我的目标是训练绝地武士。 我发现了一把新的光剑，想试一试。我找到了一种方法，既可以试用新光剑，又可以保证训练时间。 我的计划是……	我的目标是成为一个好朋友。我很想打篮球，但我的朋友很喜欢踢足球。 我制订了一个计划，帮助我实现自己的目标。 我的计划是……
我的目标是成为一个好朋友。我很想看《哈利·波特》电影，但我的朋友不想看。 我制订了一个计划，帮助我实现自己的目标。 我的计划是……	我的目标是成为一个灵活的人。我的朋友想在课间玩捉人游戏，而我想去荡秋千。 我制订了一个计划，帮助我实现自己的目标。 我的计划是……
我的目标是成为一个好学生，这样我就可以找到一份好工作。 我想去参加朋友的生日派对，而不想写我的读书报告。我制订了一个计划，帮助我实现自己的目标。 我的计划是……	我的目标是在课堂上遵守指令。我很想在数学课上聊聊我的新电子游戏。我制订了一个计划，帮助我实现自己的目标。 我的计划是……

第十七、十八课　课堂资料

第四站干扰游戏卡参考答案

我的目标是取得好成绩。我真的很想玩电子游戏，但我还有作业要做。
我制订了一个计划，这样我就可以两者兼顾。
我的计划是_____
回答：一个兼顾玩电子游戏和学习的计划。

我的目标是吃得健康。今天是我朋友的生日，我想吃一个蛋糕和一些糖果。我制订了一个计划，既可以吃蛋糕，又可以实现我的核心目标。
我的计划是_____
回答：一个既能吃少量甜点，又能继续保持健康饮食的计划。

我的名字是蝙蝠侠。我的目标是保护哥谭市免受邪恶的侵害。
我感觉很累，需要小睡一下。我制订了一个计划，这样我可以休息一下，同时还能拯救城市。
我的计划是_____
回答：一个既让蝙蝠侠有机会休息，又能继续拯救城市的计划。

我是海绵宝宝。我的目标是成为海洋中最好的油炸厨师。
派大星想让我去参加他的生日派对。我制订了一个计划，这样我就既可以继续在蟹堡王工作，又可以见到我的好朋友。
我的计划是_____
回答：一个既能参加派对，又能回到蟹堡王工作的计划。

我的名字是欧比旺·克诺比，我的目标是训练绝地武士。
我发现了一把新的光剑，想试一试。我找到了一种方法，既可以试用新光剑，又可以保证训练时间。
我的计划是_____
回答：一个兼顾试用光剑和训练的计划。

我的目标是成为一个好朋友。我很想打篮球，但我的朋友很喜欢踢足球。
我制订了一个计划，帮助我实现自己的目标。
我的计划是_____
回答：一个包括两项运动的计划。

我的目标是成为一个好朋友。我很想看《哈利·波特》电影，但我的朋友不想看。
我制订了一个计划，帮助我实现自己的目标。
我的计划是_____
回答：一个既能看我朋友想看的电影，又看《哈利波特》的计划。

我的目标是成为一个灵活的人。我的朋友想在课间玩捉人游戏，而我想去荡秋千。
我制订了一个计划，帮助我实现自己的目标。
我的计划是_____
回答：一个兼顾荡秋千和玩捉人游戏的计划。

我的目标是成为一个好学生，这样我就可以找到一份好工作。
我想去参加朋友的生日派对，而不想写我的读书报告。我制订了一个计划，帮助我实现自己的目标。
我的计划是_____
回答：一个既能去参加生日派对，又能在第二天抽出时间写读书报告的计划。

我的目标是在课堂上遵守指令。我很想在数学课上聊聊我的新电子游戏。我制订了一个计划，帮助我实现自己的目标。
我的计划是_____
回答：一个先完成数学作业，然后在午餐时间和朋友聊我的电子游戏的计划。

第十七、十八课　课堂资料

第四站干扰游戏追踪表

50
45
40
35
30
25
20
15
10
5

第十七、十八课　讲义

第五站 GWPDC

试着想出尽可能多的计划来实现你的目标	
目标	课间玩得开心
原因	课间休息是一天中的美好时光
计划	A
	B
	C
	D
	E
	F
	G
	H
	I
	J
	K
	L
	M
	N
	O
	P
	Q
	R
	S
	T
	U
	V
	W
	X
	Y
	Z

第十七、十八课 讲义

第五站 GWPDC 情境

到了课间休息时间,你迫不及待地想要开心地玩耍。你的目标是玩得愉快。想一想在课间休息时(室内和室外)可以做哪些有趣的事情,并将它们作为计划写下来。你能制订多少个计划?

主题 5：你的目标是得偿所愿

第十七、十八课

结束
课堂练习和家庭练习

☆ 总结
⏱ 5 分钟

活动所需材料

🛒 – 需自行准备：
- 铅笔（学生每人一支）
- 视觉化小组强化物
- 每个学生的 UOT 笔记本

✂ – 本书已含材料：
- 课堂练习 17&18
- 家庭练习 17&18

指导说明

> 强化……
> 坚持执行计划并遵守行为准则。
> "请记住，每次我们与他人礼貌对话都能获得积分，而足够的积分将让我们赢得一次庆祝灵活性活动。"

学生将复习家庭练习，并完成"目标—原因—计划—执行—检查"（GWPDC）的检查部分。

1. 分发家庭练习表。大声朗读目标。询问学生他们将和谁一起完成家庭练习。让学生知道，下次上课时，带来完成好的家庭练习表的学生将获得 1 积分。

建议

★ 遵循一致的流程复习和完成家庭练习。例如，复习家庭练习，监督所有学生将表格放入他们的家庭作业文件夹中，监督所有学生将作业内容写在家庭作业计划本上。

2. 引导学生将本次课程的所有作业资料归档到他们的 UOT 笔记本中。

3. 对着全班大声朗读第十七、十八课的目标。询问学生是否能够实现目标。请学生指出是什么帮助他们实现了目标。

4. 复习计划。询问学生是否能够执行计划。有无法完成的步骤吗？是否需要修改计划？

5. 提醒学生他们正在为获得一个小组的大奖励而努力。每天你会将他们的积分累加到积分库里。当他们累到_____积分时，他们将获得一次小组庆典或一份奖品。

建议

★ 在课堂上，如果你发现学生正在坚持执行计划或遵守行为准则，请提醒他们努力的目标，并给予相应的强化。

6. 向所有与学生互动并能支持他们学习新技能的教师分发课堂练习讲义，这对学生来说可能大有帮助。

记得在 GWPDC 上勾选完成这个步骤！

主题 5：你的目标是得偿所愿

第十七、十八课

课堂练习 17&18 A→B

课堂总结：这节课以及下节课，学生将练习使用不同类型的 B 计划策略来解决在实现目标过程中遇到的问题。他们通过组队参与"目标—原因—计划—执行—检查"（GWPDC）挑战赛来完成这些练习。

为了支持你的学生学习和泛化，你可以：
在接下来的几周里，鼓励你的学生在实现目标的过程中使用以下策略来解决遇到的问题，并表扬他们进行尝试的行为！

B 计划策略	
寻求帮助	• "你需要帮助来实现你的目标吗？" • "这不起作用，我们应该向谁求助？"
协商	• "如果我们的 B 计划是协商呢？" • "我们可以协商改变我们的目标，这样我们都能得到部分自己想要的东西。"
抵抗干扰	• "我们可以在我们的计划里包含这个干扰因素吗？" • "我们先实现目标，然后再分心做别的，怎么样？"

第十七、十八课

主题 5

家庭练习 17&18　　A→B

你的孩子今天参加了 UOT 课程中的第十七、十八次小组课。这份家庭练习将计入本节课以及你孩子下一节课的表现评估中。

课堂总结：这节课以及下节课，你的孩子将练习使用不同类型的 B 计划策略来解决在实现目标过程中遇到的问题。他们通过组队参与"目标—原因—计划—执行—检查"（GWPDC）挑战赛来完成这些练习。

在家中，你可以：
在接下来的几周里，鼓励你的孩子在实现目标的过程中使用以下策略来解决遇到的问题，并表扬他们进行尝试的行为！

B 计划策略	
寻求帮助	• "你需要帮助来实现你的目标吗？" • "这不起作用，我们应该向谁求助？"
协商	• "如果我们的 B 计划是协商呢？" • "我们可以协商改变我们的目标，这样我们都能得到部分自己想要的东西。"
抵抗干扰	• "我们可以在我们的计划里包含这个干扰因素吗？" • "我们先实现目标，然后再分心做别的，怎么样？"

锁定目标 灵活达成（第 2 版）
Unstuck and On Target!

主题 5：你的目标是得偿所愿

第十九课　活动策划

🎯 目标

你的学生一直在努力学习如何使用 GWPDC、协商以及其他 *UOT* 的策略来制订解决方案。本节课将以庆祝他们的进步为开端，为他们提供一个充满鼓励和充分参与的机会，让他们练习使用新学到的所有技能，共同策划一个活动。本节课还包含一项实践活动。

活动所需材料

— 需自行准备：

- 白板或记录纸
- 记号笔或白板笔
- 胶带
- 3 张小纸片（分别标识数字 1、2、3）
- 铅笔
- 视觉化小组强化物
- 每个学生的 *UOT* 笔记本

— 本书已含材料：

- 第十九课的 GWPDC
- 快问快答的问题
- 视觉化资料：情绪链情境（见第三课）
- 课堂练习 19
- 家庭练习 19

锁定目标 灵活达成（第2版）
Unstuck and On Target!

第十九课

导入	复习 & 游戏
复习 GWPDC 和快问快答	5 分钟

活动所需材料

– 需自行准备：
- 白板或记录纸和合适的记号笔
- 胶带
- 3 张小纸片（分别标识数字 1、2、3）

– 本书已含材料：
- 第十九课的 GWPDC
- 快问快答的问题

指导说明

1. 在课程开始前，将 GWPDC 写在白板上。
2. 与小组一起复习 GWPDC。
3. 完成快问快答活动。

* 完整的操作说明和技巧请参考 GWPDC 和快问快答活动的指导说明（主题 1 第二课）。

强化……
求助。
"你向他人求助了，很棒！我要给整个小组加 1 积分。"

目标（Goal）：运用对 GWPDC 的理解，策划一个精彩的班级活动。

原因（Why）：GWPDC 是一个可以帮助完成许多任务的工具，其中之一就是策划有趣的活动。

计划（Plan）：
1. 快问快答。
2. 策划班级活动。
3. 复习家庭练习。

主题 5：你的目标是得偿所愿

执行（Do）：执行计划并获得积分。

检查（Check）：进展如何？我们达成目标了吗？策划活动中最难的部分是什么？最简单的部分是什么？

别忘了在 GWPDC 上勾选完成这个步骤！

快问快答的问题

1. 当我陷入困境时，我只有_____个选择。（1）
2. 当我灵活应变时，我有_____个选择。（很多）
3. 当双方都得到部分自己想要的东西时，这被称为_____。（协商）

U 锁定目标 灵活达成（第 2 版）
nstuck and On Target!

第十九课

活动（备选）
策划一个班级活动

小组活动
25 分钟

活动所需材料

— **需自行准备：**
- 白板或记录纸
- 记号笔或白板笔

— **本书已含材料：**
- 视觉化资料：情绪链情境（见第三课）

指导说明

建议

★ 在整个活动过程中，使用情绪目标和情绪链来帮助学生识别自己及小组其他成员如何受到选择和决策的影响。

★ 策划班级活动的目的是让学生有机会整合和练习他们的新技能（如协商、计划 A→B、目标设定等）。

★ 在开始策划流程之前，先确定你认为适合在教室里进行的活动类型（如时间长度、费用等）。明确活动的相关要求可以帮助学生设定基调并引导他们的讨论。

活动创意（请参阅**问题排查**部分以获取更多想法）：

- 灵活性派对——派对上的一切都是灵活的
- 为小组制作零食——混合坚果、水果串
- 在线观看视频片段——每个学生选择一个合适的片段与全班同学分享
- 电影
- 小组手工——风筝、火箭
- 额外的课间休息

- 寻宝游戏

替代活动方案：

- 玩与 *UOT* 相关的游戏
  - 灵活性高速公路游戏等

1. 在白板上画一个框，在框里写上：灵活性、困境、协商、A 计划、B 计划、目标、行为准则、情绪链。

2. 在白板上写上 GWPDC（留出写头脑风暴相关文字的位置）。

3. 告诉学生，他们即将或已经达到了小组的积分目标，接下来将由他们负责策划活动。

建议

★ 留出 10~15 积分，让学生在策划活动后通过完成任务获得剩余的积分，以达到小组目标。例如，因协商而获得 1 积分，因做出灵活选择获得 1 积分，因遵守行为准则而获得 1 积分。

4. 写下目标：策划一个有趣的活动来庆祝达成小组目标。

5. 请学生帮你填写原因。

6. 在白板上的某处记录学生的建议。如果活动有时间限制，请告知学生并将其写在白板上。然后，请学生分享他们对活动的建议。

7. 学生分享完想法后，审视一下列表，然后以小组为单位开始将这些想法整合成一个完整的计划。

建议

★ 保持幽默感。如学生的想法过于离奇，教师可以给予认可并用一个轻松的理由解释为什么它可能行不通。例如，如果学生建议去游乐园，教师可以回应说："我很想去游乐园玩一整天，但我觉得你们的阅读课和数学课老师会太想念我们，而且我的车也只能坐 4 个人，很遗憾我也没有 1000 美元来买门票和油炸蛋糕！"

- ★ 引导学生进行协商。例如:"听起来我们有两个非常好的主意。让我们回想一下我们学过的协商策略。可以尝试新的想法或者将这两个想法结合起来。"

- ★ 帮助学生为他们的活动想一个B计划。例如:"如果我们打算在网上看视频,而网络连不上,我们的B计划应该是什么?""在室外玩寻宝游戏是个好主意,那如果天气不好,我们的B计划应该是什么?"

- ★ 如果有人遇到困境,提醒他们注意自己在灵活应对方面的声誉。如果他们能够灵活调整自己的想法,他们的同学很可能也会找到方法,灵活地整合自己的想法。

- ★ 最重要的是,保持简单明了!

8. 当学生开始筛选想法时,将计划写在白板上。

9. 填写"执行"部分——举办活动。

10. 请学生帮助你生成"检查"的问题。你如何知道你是否实现了自己的目标?

11. 在接下来的课程中举办活动。

> 别忘了在GWPDC上勾选完成这个步骤!

主题5：你的目标是得偿所愿

第十九课

结束　　　　　　　　　　　　　　　　　　　⭐ 总结
课堂练习和家庭练习　　　　　　　　　　　🕐 5分钟

活动所需材料

🛒 — 需自行准备：
- 铅笔（学生每人一支）
- 视觉化小组强化物
- 每个学生的 UOT 笔记本

✂ — 本书已含材料：
- 课堂练习 19
- 家庭练习 19

指导说明

学生将复习家庭练习，并完成"目标—原因—计划—执行—检查"（GWPDC）的检查部分。

1. 分发家庭练习表。大声朗读目标。询问学生他们将和谁一起完成家庭练习。让学生知道，下次上课时，带来完成好的家庭练习表的学生将获得1积分。

建议

★ 遵循一致的流程复习和完成家庭练习。例如，复习家庭练习，监督所有学生将表格放入他们的家庭作业文件夹中，监督所有学生将作业内容写在家庭作业计划本上。

2. 引导学生将本次课程的所有作业资料归档到他们的 UOT 笔记本中。

3. 大声朗读第十九课的目标。询问学生是否能够实现目标。询问学生是什么帮助他们实现了目标。

建议

★ 在最初的几节课中，请确保学生能够实现目标，使他们感受到成功，并理

333

解如何获得积分。

4. 复习计划。询问学生是否能够执行计划。有无法完成的步骤？是否需要修改计划？

建议

★ 有时计划必须进行修改。如果意料外的消防演习或一次很棒的讨论花费了太长时间，你就必须修改计划。愉快地接受这些变化，并让学生知道，即使发生了意料外的情况，他们依然灵活地制订了新计划。

5. 向所有与学生互动并能支持他们学习新技能的教师分发课堂练习讲义，这对学生来说可能大有帮助。

第十九课

课堂练习19

课堂总结： 你的学生一直在努力学习如何设定目标、制订计划、协商以及使用 UOT 的策略来找到解决方案。今天的课程以庆祝他们的进步为开端，并通过一起策划第二十课的特别活动，为他们提供练习新技能的机会。

为了支持你的学生学习和泛化，你可以采取以下行动：

尽可能多地与学生讨论如何策划一个惊喜或者一个活动。你可以谈论历史事件、政治文化活动，甚至在课堂上观看一个快闪演出的视频或者某人为他人策划的惊喜视频。向学生提问：

- "他们的**目标**是什么？"
- "有多少人需要共同合作来**策划**这个活动？"
- "如果每个人都有不同的想法，会发生什么情况？"
- "你觉得在策划这些活动的人中，是否有人需要寻求帮助？"

第十九课

主题 5

家庭练习 19

你的孩子今天参加了 *UOT* 课程中的第十九次课。这份家庭练习将计入本节课以及你孩子下一节课的表现评估中。

课堂总结：你的孩子一直在努力学习如何设定目标、制订计划、协商以及使用 UOT 的策略来找到解决方案。今天的课程以庆祝他们的进步为开端，并通过一起策划第二十课的特别活动，为他们提供练习新技能的机会。

在家中，你可以：

1. 尽可能多地与你的孩子讨论活动策划。你可以谈论新闻中的事件、文化活动、体育活动，甚至是家庭事件或活动。

- "他们的**目标**是什么？"
- "有多少人需要共同合作来**策划**这个活动？"
- "如果每个人都有不同的想法，会发生什么情况？"
- 你觉得在策划这些活动的人中，是否有人需要寻求帮助？"

2. 让你的孩子参与策划接下来的活动。你的孩子在策划方面练习得越多，他们的表现就会越来越好。如果你为孩子计划并安排好了一切，他们就无法得到练习的机会！

- 尝试和你的孩子安排一个社交活动，例如与朋友去公园碰面或邀请堂兄妹来家里玩。在客人到来之前，请孩子帮助你计划大家将一起做的事情，但一定要记得讨论几个备选方案（如 B 计划）！
- 如果你希望将其写下来，以下是一个示例：

目标（G）：与我的朋友一起愉快玩耍。

原因（W）：为了让朋友以后还愿意来玩，我希望自己成为一个值得信赖的好朋友。

计划（P）：

1. 邀请我的朋友来玩。

2. 询问我的朋友他想玩什么（因为他是客人，所以先做他想做的事情）。

3. 建议一起搭乐高。

4. 如果需要，进行协商。

5. 吃点零食。

执行（D）：按照计划执行。（让我们玩得愉快！）

检查（C）：进展如何？我们需要改变计划吗？

第二十课　活动

目标

在主题 5 中，学生练习了使用和创建多个 GWPDC，制订了备选计划，并提升了他们的协商能力。在第十九课中，学生综合运用这些技能策划了一个班级活动。第二十课则专注于开展这个班级活动。

活动所需材料

– 需自行准备：
- 班级活动所需的材料

主题 5　成长报告

学生姓名：_____　　日期：_____

教师姓名：_____

在过去几周中，我们在主题 5 中教授了以下技能和概念：

主题 5 是学生对已学技能的综合运用。学生有机会练习这些技能，并将它们应用到现实生活场景中——策划一个团体活动。

- 灵活与困境
- 目标—原因—计划—执行—检查
- A 计划→B 计划
- 协商

主题 5 技能	总是	有时	没有
1. 能够在当下创建一个 GWPDC 方案			
2. 能够在当下创建并使用协商策略			
3. 能够在当下识别 B 计划			
小组的一个成就：			
需要继续努力的地方：			
额外说明：			

_____（老师签字）

（请撕下并返还已签名的单据，确认你已收到进度报告）

我收到了 UOT 课程的成长报告

_____（家长签字）日期：_____

主题 6 灵活的 / 目标导向的未来

UOT 课程提供了许多新的概念、定义、脚本和策略,以帮助学生提高灵活性。这些内容的教授设计贯穿了大半个学年。与任何复杂的课程一样,复习对于知识的整合和掌握至关重要。患有孤独症谱系障碍的学生通常难以将新知识泛化到新的情境或环境中。为了促进泛化,学生首先需要展示对新技能的掌握。在本主题中,学生通过游戏展示所学并规划如何将所学迁移应用到未来场景中。

第二十一课　访谈（与备选游戏）

目标

本节课让每个学生思考至少一种方法，将他们在整个课程中学到的技能和策略加以实际应用。本节课包含一项活动和一项附加活动。

活动所需材料

– 需自行准备：

- 白板
- 记号笔
- 录像机或智能手机（如需拍摄视频）
- 用来标识教室的四个角落的纸张
- 铅笔
- 视觉化小组强化物
- 每个学生的 UOT 笔记本

– 本书已含材料：

- 第二十一课的 GWPDC
- 快问快答的问题
- 讲义：灵活的未来
- 教师指导：四角游戏的问题与参考答案
- 讲义：毕业证书
- 课堂练习 21
- 家庭练习 21

主题 6：灵活的 / 目标导向的未来

第二十一课

导入	复习 & 游戏
复习 GWPDC 和快问快答	5 分钟

活动所需材料

- 需自行准备：
  - 白板或记录纸和合适的记号笔

- 本书已含材料：
  - 第二十一课的 GWPDC

指导说明

1. 在课程开始前，将 GWPDC 写在白板上。
2. 与小组一起复习 CWPDC。

目标（Goal）：思考一下未来我将如何运用我的 UOT 策略。

原因（Why）：我们都会运用策略来应对日常生活中的挑战。通过练习我的 UOT 策略，我将确保即使不在小组中，也能随时运用这些策略。

计划（Plan）：

1. 提交家庭练习表。
2. 脱口秀。
3. 四角游戏（备选）。

执行（Do）：执行计划并获得积分。

检查（Check）：进展如何？

343

锁定目标 灵活达成（第2版）
Unstuck and On Target!

第二十一课

活动
脱口秀

小组活动
30 分钟

活动所需材料

- 需自行准备：
  - 录像机或智能手机（如需拍摄视频）

- 本书已含材料：
  - 讲义：灵活的未来

指导说明

1. 向学生解释他们将进行一次脱口秀访谈。如果你计划录制视频，请提前告知学生。

2. 学生可以通过完成讲义"灵活的未来"或与你进行一对一对话来创建他们的脱口秀脚本。

3. 学生完成脚本后，可以与另一位同学或与你配对进行访谈录制。即使你不打算实际录制，让学生在彼此面前表演访谈也会很有帮助。

第二十一课　讲义

灵活的未来

采访者： 你在学习 UOT 方面做得非常出色，我听说你今天要毕业了！你学到了很多东西，我们的观察者很想知道这些内容未来将如何帮助到你。我想问你几个问题。

你已经学会了灵活性和困境的定义。通常在什么时候你会感到陷入了困境？

我： _____
_____
_____

采访者： 你学到的知识将来会如何在学校和家里帮助到你？

我： _____
_____
_____

采访者： 你在练习 A 计划和 B 计划时做得很棒。我想知道你计划什么时候在学校和家里起码使用一次这些技能。

我： _____
_____
_____

采访者： 你认为什么时候你会使用你学到的关于协商的知识？

我： _____
_____
_____

采访者： 你认为你最受益于灵活性的第一个原因是什么？

我： _____
_____
_____

采访者：我知道你在努力设定目标。现在你在努力设定什么目标？接下来你计划设定什么目标？

我：_____

_____

_____

采访者：你认为"大事/小事"或"有选择/无选择"在什么时候对你帮助最大？

我：_____

_____

_____

采访者：情绪目标是如何帮助你的？

我：_____

_____

_____

采访者：灵活性如何帮助你成为一个更好的朋友？

我：_____

_____

_____

采访者：你认为你会最常使用哪些应对技巧？

我：_____

_____

_____

采访者：非常感谢你与我们一起共度时光。问你最后一个问题：关于灵活性的哪一点是你希望我们的观察者了解的？

我：_____

_____

_____

采访者：太棒了！祝贺你成功地学会了 *UOT*！（颁发证书）

第二十一课

附加活动（备选）
四角游戏

小组活动
25 分钟

活动所需材料

– 需自行准备：
- 用来标识教室的四个角落的纸张

– 本书已含材料：
- 教师指导：四角游戏的问题与参考答案

指导说明

向学生介绍游戏之前自己先演练一遍游戏，并准备好正确答案，这非常重要。你可以让学生用他们的身体来展示灵活性——当他们到达某个角落时，他们要尝试让自己摆出相应角落的标记字母样的姿势（例如，在 A 角落，你需要摆出像字母 A 的姿势）。

1. 给教室的四个角落标上 A、B、C、D。

2. 告诉学生，今天他们将玩四角游戏，以复习今年在小组中学到的重要信息。

3. 游戏规则：学生将以团队为单位来获取尽可能多的积分。一名学生将被问一个有 4 个选项的问题。该学生将选择一个答案并将其移动到房间里对应标记的角落。

4. 如果学生不确定答案，他可以选择一个朋友进行讨论并一起到房间里对应标记的角落。

5. 每正确回答一次得 10 积分。

第二十一课　教师指导

主题 6

四角游戏的问题与参考答案

问题	选项	答案
这些人会犯错误。	A. 只有老师 B. 只有坏朋友 C. 每个人 D. 父母	C. 每个人
你们玩游戏，分享秘密，有时也会和_____有不同意见。	A. 你的朋友 B. 你的铅笔 C. 你的作业 D. 你的敌人	A. 你的朋友
如果我的 A 计划不起作用，我需要_____	A. 放弃 B. 一个 B 计划 C. 哭泣 D. 退出	B. 一个 B 计划
当我感到失望时，我应该_____	A. 尖叫 B. 击打某物 C. 哭泣 D. 休息一下	D. 休息一下
当我感到_____时，我的脸会发热，我的胃可能会疼，我可能会咬紧牙关和握紧拳头。	A. 失望 B. 疲倦 C. 无聊 D. 开心	A. 失望
当我感到刚刚好的时候，我在情绪目标上是等级_____	A. 5 B. 4 C. 3 D. 1	D. 1
如果你和你的朋友意见不合，你有两种反应。你可以保持固执或你可以_____	A. 灵活应变 B. 感到生气 C. 陷入困境 D. 感到伤心	A. 灵活应变
如果你_____，你可以赞同不同的意见，向一个成年人求助，判断这不是一件大事。	A. 放弃 B. 不关心你的朋友 C. 和你的朋友意见不合 D. 不知道答案	C. 和你的朋友意见不合
将大事化小事的一个方法是_____	A. 开始尖叫 B. 退出 C. 放弃 D. 寻求帮助	D. 寻求帮助
灵活性帮助我成为一个好朋友，因为_____	A. 人们喜欢和灵活的人在一起 B. 灵活的人有更多的选择 C. 当我灵活应变时，我的朋友们都很开心 D. 以上所有	D. 以上所有

主题 6：灵活的 / 目标导向的未来

第二十一课

结束
课堂练习和家庭练习

⭐ 总结
🕐 5 分钟

活动所需材料

🛒 — 需自行准备：
- 铅笔（学生每人一支）
- 视觉化小组强化物
- 每个学生的 UOT 笔记本

✂ — 本书已含材料：
- 讲义：毕业证书
- 课堂练习 21
- 家庭练习 21

指导说明

学生将复习家庭练习，并完成"目标—原因—计划—执行—检查"（GWPDC）的检查部分。

1. 将讲义"灵活的未来"添加到学生的 UOT 笔记本中。

2. 颁发毕业证书，让学生将证书与他们的笔记本一起带回家。如果你拍摄了视频并且打算将其发送给家长，请撰写一份说明，告知家长你将如何发送视频。

3. 询问学生是否能够实现小组的目标（愉快玩耍、交朋友、学会灵活应变、为自己设定目标）。将这次讨论变成一次庆祝活动，回顾他们学到了多少东西。

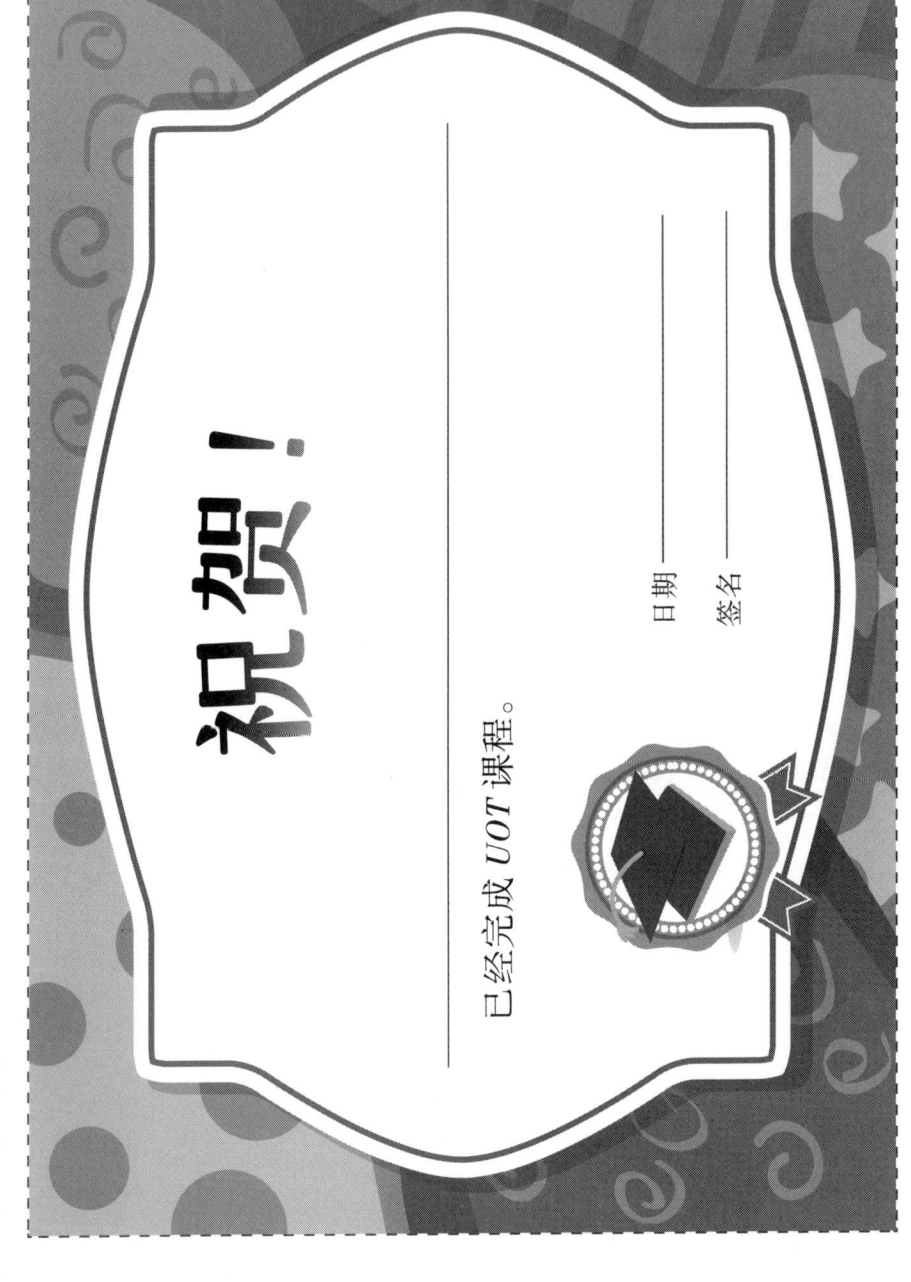

U 锁定目标 灵活达成（第2版）
nstuck and On Target!

第二十一课 讲义

祝贺！

已经完成 UOT 课程。

日期
签名

第二十一课

课堂练习 21

课堂总结：今天是你的学生在 UOT 课程中的最后一课。希望你已经注意到学生在灵活性、计划和组织技能方面的显著进步，这些练习作业也帮助你思考如何用不同的方式支持所有学生应用这些技能。感谢你的努力！

为了支持你的学生学习和泛化，你可以：

继续使用所有课程中涉及的词汇和概念。将以下表格张贴出来，作为每天使用这些词汇的提醒。

锁定目标　灵活达成

灵活性	当（我）灵活应变时，会有更多好事发生。 • "我们可以灵活应变，制订一个 B 计划。" • "我喜欢你这么灵活。"
困境	陷入困境感觉不好。摆脱困境感觉很好。 • "我在____上陷入困境了。我该怎么脱困呢？" • "既然你脱困了，现在你便有了更多的选择。"
A 计划→B 计划	计划有问题，而不是孩子有问题。糟糕的计划只是需要一个 B 计划。 • "我们的 B 计划是什么？" • "你总能想到很棒的计划。"
协商	双方都必须灵活才能进行协商。 • "让我们进行协商，这样我们都能得到各自想要的一部分。" • "有总比没有强。"
大事 / 小事	不要告诉孩子他的"大事"是"小事"。 • "我们如何大事化小？让我们制订一个计划。"
有选择 / 无选择	记住，糟糕的选择依然是选择；只有纳税、火灾演习等存在"无选择"的情况。 • "你有选择。让我们看看你的所有选择。"

目标内容及原因？ ➡ 计划如何执行？ ➡ 尝试执行！ ➡ 检查进展如何？

第二十一课

主题 6

家庭练习 21

你的孩子今天参加了 UOT 课程中的最后一次小组课。

课程总结：希望你已经注意到你的孩子在灵活性、计划和组织技能方面的显著进步，这些练习作业也帮助你思考如何用不同的方式支持你的孩子应用这些技能。感谢你的努力！

继续使用所有课程中涉及的词汇和概念。将以下表格张贴出来，作为每天使用这些词汇的提醒。

锁定目标 灵活达成

灵活性	当（我）灵活应变时，会有更多好事发生。 • "我们可以灵活应变，制订一个 B 计划。" • "我喜欢你这么灵活。"
困境	陷入困境感觉不好。摆脱困境感觉很好。 • "我在_____上陷入困境了。我该怎么脱困呢？" • "既然你脱困了，现在你便有了更多的选择。"
A 计划→B 计划	计划有问题，而不是孩子有问题。糟糕的计划只是需要一个 B 计划。 • "我们的 B 计划是什么？" • "你总能想到很棒的计划。"
协商	双方都必须灵活才能进行协商。 • "让我们进行协商，这样我们都能得到各自想要的一部分。" • "有总比没有强。"
大事 / 小事	不要告诉孩子他的"大事"是"小事"。 • "我们如何大事化小？让我们制订一个计划。"
有选择 / 无选择	记住，糟糕的选择依然是选择；只有纳税、火灾演习等存在"无选择"的情况。 • "你有选择。让我们看看你的所有选择。"

目标内容及原因？ ➡ 计划如何执行？ ➡ 尝试执行！ ➡ 检查进展如何？

主题6：灵活的／目标导向的未来

主题6　成长报告

学生姓名：_____　　日期：_____

教师姓名：_____

主题 6 技能	总是	有时	没有
1. 遵守行为准则			
2. 能够创建一个"目标—原因—计划—执行—检查"（GWPDC）的计划			
3. 能够解释自己的感受			
4. 能够识别自己的行为如何影响他人的感受			
5. 能够界定或识别某物是物理性灵活还是僵硬			
6. 能够定义思想上灵活的含义			
7. 能够定义陷入困境的含义			
8. 能够在事件或活动前创建 A 计划和 B 计划			
9. 能够在当下创建 B 计划（当活动过程中 A 计划失败时）			
10. 能够定义协商的含义或提供协商的示例			
11. 能够在遭遇挑战时提出协商的方案			
12. 能够在虚构的情境中找到大事化小的方法			
13. 能够在遭遇挑战时使用策略将大事化小			
14. 能够识别什么是选择，什么不是选择			
15. 能够识别在遭遇意外情况时帮助他们应对的策略			
16. 能够识别陷入困境的感觉			
17. 能够识别陷入困境意味着无选择			
18. 能够识别灵活应对意味着有选择			
19. 能够识别在朋友和教师中拥有灵活应对声誉的好处			
小组的一个成就：			
需要继续努力的地方：			

_____（老师签字）

（请撕下并返还已签名的单据，确认你已收到进度报告）

我收到了 *UOT* 课程的成长报告

_____（家长签字）日期：_____

附　录

教育工作者、学生和家长对我们编写本手册的帮助

我们最初受到马克·伊尔维萨克（Mark Ylvisaker）和蒂姆·费尼（Tim Feeney）（Ylvisaker, 2006; Ylvisaker and Feeney, 1998; Feeney, 2010）的研究成果启发，决定编写此指导手册。他们在治疗脑损伤儿童的工作中，创建了一些关键的自我调节脚本和常规日程，我们在开发 UOT 的过程中对其进行了使用和修订。在主题 3 中，我们引入了"大事/小事"和"有选择/无选择"脚本，这些直接采用了他们的成果，同时"预判意外"脚本中的概念也源自他们的工作。此外，主题 1 中描述的"目标—原因—计划—执行—检查"（GWPDC）不仅受到他们的启发，还借鉴了波拉塔伊科（Polatajko）和曼迪奇（Mandich）（2004）的研究成果，后者在他们的职业治疗干预中采用了"目标—原因—计划—执行—检查"的方法。马克·伊尔维萨克在去世前曾是 UOT 团队的早期重要成员。他对这个项目的指导和支持包括多次阅读早期草稿，并就儿童中自我调节脚本的使用以及建立内在动机的重要性进行了多次讨论。他的贡献对项目的成功起到了关键作用。

在伊尔维萨克、费尼及其他学者的研究成果基础上，我们通过社区参与式方法（Brooke et al., 1986; Israel et al., 1998）开发了 UOT 的指导手册和材料。这种方法涉及与社区和政策伙伴的合作，以及与教师、家长和学生等关键社区利益相关者合作开发和测试干预措施。我们还采用了自下而上的方法（Sullivan et al., 2005）：并非在实验室中研发干预措施然后再将其调整应用到实际环境中，而是从一线教育工作者已经使用的增强执行功能的有效技术入手。

我们的研究团队由多名成员组成，包括学术研究人员（一名临床发展心理学家和一名神经心理学家）、一名特殊教育教师、两名学校管理员、一名作业治疗师、一位家长以及多位自我倡导者。研发和反馈过程基于参与式方法，经历了一系列阶段：首先，通过观察优秀教师识别有效策略；其次，与教师、家长和学生进行需求评估和焦点小组讨论；最后，对 UOT 进行小规模试验，并根据学生和教育工作者的反馈和建议修改课程。这一参与式过程帮助我们界定了课程的结构、执行和教学方法，并最终简化了课程内容。最终的指导手册设计了一套适用于学校小组的每周课程。

总之，基于之前对执行功能干预措施的研发经验，以及我们对复杂执行功能缺陷和有效干预技术的理解，我们结合了参与式过程和理论驱动的方法来开发这一干预措施。由于执行功能缺陷主要在课堂、家庭和社交等现实情境中表现出来，并且最好在这些情境中进行评估，因此干预措施必须在现实环境中开发、测试和调整，同时确保教师和其他学校工作人员能够有效执行。基于这一原因，我们采用了参与式模型来研发干预措施。

UOT 有效吗?

迄今为止，我们已经完成了两项严格的试验，评估 UOT 在三到五年级公立小学学生环境中的有效性。两项试验结果均表明，与另一种提供相同"剂量"（干预时间及对教师和家长的培训时间）的干预措施相比，UOT 显著改善了患有孤独症谱系障碍或注意缺陷多动障碍且存在灵活性问题的学生的课堂学习和行为表现。在这两项研究中，学生被随机分配到干预组，研究人员对所使用的干预类型不知情（他们不知道学生接受的是哪种干预）。治疗的实施一致性普遍较高，表明负责教授 UOT 的学校工作人员能够很好地呈现指导手册中的内容。有趣的是，即使在没有完全一致执行的情况下，该干预措施仍然表现出较强的效果，这意味着学生的积极成效并不依赖于高一致性的干预执行。第一项研究（Kenworthy et al., 2014）由美国国家心理健康研究所（National Institutes of Mental Health）资助进行，基金编号R34MH083053-01A2，以萨多尔（Isadore）和伯莎·古德尔斯基（Bertha Gudelsky）家庭基金会以及孤独症研究组织也提供了资助。该研究比较了两组在年龄、性别比例、种族、智力、孤独症症状、服药情况和父母教育程度方面相匹配的、不具有智力障碍的孤独症谱系障碍学生。一组接受了 UOT 研究版本的干预，另一组接受了社交技能干预（Baker, 2003）。结果显示，两组学生的表现均有所改善。通过课堂观察及测量学生在衔接转换、遵守规则和灵活性方面的表现，UOT 组的平均改善程度显著高于社交技能组。此外，在解决问题、灵活性和计划的直接测量中，UOT 组的平均改善程度也显著优于社交技能组。

我们最近完成了第二项更大规模的试验，使用了当前版本的 UOT（由以患者为中心的疗效研究所 PCORI-1304-7379 资助）。我们正在准备将此试验的数据发表在由同行评审的期刊上。在低收入学校（至少有一半的学生获得免费或降价午餐）的三到五年级的学生中，患有孤独症谱系障碍或注意缺陷多动障碍及灵活性问题的学生被随机分配接受 UOT 或应急行为管理干预（PATSS）。PATSS 是一种经过调整的应急行为管理干预措施，专门针对灵活性和其他执行功能问题，适用于学生、家长和教师的赋能使用（例如，术语进行了调整——将"前事"改为"诱因"，并让学生参与制定他们的行为目标）。我们再次发现，接受 UOT 的孤独症谱系障碍学生在课堂学习和行为表现的改善程度显著优于接受 PATSS 的学生，而注意缺陷多动障学生对两种干预措施的反应都很好。然而，学生和他们的父母反馈他们更喜欢 UOT 而不是 PATSS。值得注意的是，学生的变化与诊断、智商、年龄、家庭收入、种族/民族背景、家庭语种、组织小组的学校工作人员的专业性、家长获得的知识量或我们测量的任何其他实施因素等都无关。该试验证实了以下两点：（1）UOT 是提升孤独症谱系障碍学生课堂学习表现的有效工具，能够改善灵活性及其他执行功能；(2)除孤独症谱系障碍学生外，UOT 对注意缺陷多动障碍学生同样有效。

问题排查

以下是你在实施课程时可能遇到的一些常见问题及建议，希望能为你提供帮助。

问题 1：当学生试图抢占位置或扰乱课堂时，我该如何管理？

- **在小组课中保持积极的氛围，防止消极情绪的产生。**这可能是本书中最重要的一条建议，没有之一！正如你教导学生他们的行为有后果一样，请记住你的情绪和行为也会产生后果。快乐、悲伤、焦虑和沮丧都具有传染性。你的行为和情绪对学生的行为和情绪有深远的影响。你的积极情绪会为学生带来更多的积极情绪。相反，表达不满、大声训斥、威胁或惩罚等负面情绪会加剧孩子的负面情绪，使孩子的负面行为增多，从而形成消极循环。

- **保持表扬与纠正 5∶1 的比例。**研究表明，表扬孩子或做出积极陈述的频率至少是发号施令或训斥的 5 倍的时候，可以有效减少孩子的问题行为并提升其社交技能。表扬应具体且真实（例如，"我喜欢你今天对坐在什么地方表现得很灵活"或"我看得出你在这个项目上很努力"）。它可以是一个视觉信号，如竖起大拇指，也可以是针对整个小组的（例如，"哇，你们今天听得很认真"）。确保经常使用奖励系统。

- **以幽默保持课程基调是轻松和有趣的。**幽默是保持课程基调积极有趣的强大工具，它也可以在许多孩子遇到困境时提供帮助。幽默不应消费他人，但可以针对某个情境进行（例如，"天哪！我们每个人都同时陷入了困境，这可能是破纪录的情况！"或"让我们想出更多协商的例子，如果我穿着小丑服、戴着小丑的红鼻子来学校，然后你说你讨厌小丑，如果我摘掉红鼻子但还穿着衣服能算作协商吗？"）。

- **有时可以通过接受学生的负面情绪来实现合作**。例如，如果学生不喜欢某个游戏或活动，你可以说："是的，这确实有点无聊，我们怎么把它改得更有趣？"如果学生抱怨今天太累了没法学习，你可以说："你说得对，我自己也觉得非常疲倦，我们要做些跳跃运动或超快速的问答来提神吗？"

- **使用视觉辅助**。确保以视觉化、系统化的方式呈现积极行为的奖励积分，例如在表格上记录或给予实物奖励，并在一天中频繁统计。

问题2：我该如何保持学生的参与度？

- **使用与学生相关的例子可以让课堂内容更加有意义**。我们天然地会对自己关心的主题或与自己密切相关的内容更感兴趣。因此，我们设计了包含示例和场景的课程，希望它们能具有普遍适用性。试着从学生的生活中寻找一些情境或例子，这样可以让信息和策略变得更加有意义。例如，如果你的学生对某款电子游戏感兴趣，或者他们特别期待某一部电影，可以将这些角色和主题融入你的例子中。如果你知道学生在自由活动或午餐时间喜欢某些活动或话题，也可以将这些融入你的例子中。还可以使用你自己的例子。不必透露太多个人生活细节，只是偶尔用自己举例。学生总会对教师在校外的生活感到惊讶，同时会因为发现教师在自己的生活中也在使用这些策略而备受鼓舞。

- **强调"原因"**。在这个干预过程中，我们明确教授一些对有执行功能困难的学生来说不一定能自然习得的技能。你的学生可能不会立刻意识到这些技能对他们生活的重要性，因此需要明确说明其意义，并强调你所教授的技能对他们有帮助的"原因"。

- **合理安排课堂节奏以建立积极的惯性，突出学生最喜欢的活动并表扬他们的努力**。注意监控课堂节奏，保持授课的连贯性，但避免说教。活动设计以实践操作为主。在整个干预过程中，你会发现学生最喜欢的活动，可以根据他们的偏好调整活动的呈现方式（例如，你的学生可能喜欢角色扮演或做游戏）。确保经常表扬和认可他们的努力——当我们看到自己的努力被认可时，我们都会更有动力继续做出某种行为或付出努力。

问题 3：我该如何避免冲突对抗？

- **为学生树立灵活性的榜样**。当学生感到沮丧时，你使用自己的应对策略并保持"清醒的头脑"来帮助该学生是至关重要的。记住，学生需要你清晰而冷静地给出提示来使用应对策略。如果每个人都"失控"，应对策略将被抛诸脑后。更多内容请参阅**灵活、有条理且支持学生的教育者**部分。

- **使用脚本和应对策略避免对抗**。培养使用应对策略的习惯需要坚持和耐心。根据需要引入脚本，讨论关键概念如"灵活性""创建 A 计划→B 计划"。如果你在主题 2 中讨论了协商和谈判，请使用其中的一些策略来避免对抗。你可以对一名学生说："看来我们都在灵活性方面遇到了问题。让我们都灵活应变，互相折中"或"看起来你今天可能没有很多力气来灵活应变，所以这次我可以灵活一些，按你的方式来"。

- **不要对学生有他力不能及的期望**。注意那些可能导致学生超负荷或情绪封闭的要求。在这些情况下，你对学生的期望必须与其能力和技能相匹配。随着学生能力的提升，逐渐增加对灵活性的要求。请参阅**灵活、有条理且支持学生的教育者**部分，了解如何在课堂上为学生提供更多预备与灵活性支持。

- **让学生尽可能多做选择**。这并不意味着在所有情况下你都交出控制权，而是在课程计划的结构内提供选择。例如："你想分发这些文件还是在白板上写字？"

- **如果学生显得不堪重负，提供缓冲或减少刺激和混乱**。有些学生对噪声非常敏感，不应该安排其坐在嘈杂的门口，或特别活跃、容易扰乱课堂的同学旁边；其他学生则需要每天在学校有一段沉寂时间，可以不与他人互动。如果有学生总是在你的课上显得非常紧张，请与团队讨论他一天中是否需要早些休息。
- **当学生的行为升级时，少说话，多用视觉辅助工具进行沟通**。有些学生对书面要求的反应比对口头要求的反应要好得多，效果几乎可以说是奇迹般的。如果你有一个经常拒绝你要求的学生，随时在手边准备好一块白板并尝试这种方法。如果学生在与你或其他学生的互动中陷入困境，可以考虑画一个快速流程图，重现问题情境，然后按照他希望的方式重新编写情境。流程图中内置的逻辑进程可以直观地表明，问题情境无法产生学生想要的结果。

问题 4：我该如何让学生在课堂外使用 UOT 脚本？

- **练习，练习，再练习**。研究告诉我们，为了让一项技能变得自动化或常规化，我们需要反复接触和练习。与学习阅读、写作、运动或社交脚本等技能一样，学生在多种环境中练习和尝试这项技能的机会越多，就越有可能独立且有效地使用这些技能。
- **在尽可能多的地方张贴脚本的视觉提醒**。对教师、治疗师、家长和其他人来说，最重要的视觉提示是一份脚本列表。
- **确保与学生有交集的所有成年人都了解脚本**。为了帮助学生将这些技能泛化，我们需要与尽可能多的人分享脚本和策略。如果学生的治疗师、家长、其他教师等都了解并理解这些脚本，他们就可以在必要时帮学生使用这些脚本。我们提供了几份资料，供你分发给那些可以帮助学生练习使用这些技能和脚本的人。我们鼓励你根据实际情况定制这些资料，例如添加关于脚本在何时何地有用的信息。

- **建立广泛的支持网络可以很简单，草拟一封简短的电子邮件或稿件，定义脚本并提供简明示例说明使用的方式和时机**。更好的做法是，与和你的学生互动的相关人员建立一个电子邮件沟通群组。当你介绍一个新脚本时，向群组内所有人员发送一封简短的电子邮件，描述脚本和使用方法。以下是你可以发送的电子邮件示例：

  > 我们刚刚学习了"协商"。我们认为协商是一种让每个人都能折中得偿所愿的方式。有机会时请帮助学生思考他们想要使用哪种协商策略：每个人都能折中得偿所愿，结合不同想法，选择每个人都同意的想法，或轮流实现他们各自的想法。
  >
  > 如果你注意到学生使用了协商策略，或者有任何帮助学生协商的经验，请发电子邮件告诉我。我们将在课堂上庆祝这件事！

- **让学生知道你与他们身边的人分享了这些信息**。让学生知道其他人会支持他们使用这些策略和脚本，这可以让他们感到安心，因为他们能够以可预测且常规的方式应对那些对他们来说最困难的技能。

问题 5：有些词汇或脚本似乎让我的一个学生很苦恼。坚持使用这些脚本对我来说有多重要？

- **不要太快放弃**。脚本和关键词汇是这项干预的核心部分。请牢记，这对你的学生来说是一项全新的技能，而改变并非他的长项。继续尝试使用这些词汇。
- **如果你判断学生真的陷入了困境，考虑与他共同选择一个可能帮得上忙的新脚本**。如果学生已经将某个词或短语与负面经历或结果联系起来了，那么他们可能会对其产生不良反应。例如，如果"灵活"这个词被负面使用（如"别发脾气了，你需要更灵活点！"或"你为什么不能更灵活点，你让大家都很难受"），学生可能会对这个词"过敏"。如果学生真的对某个词或脚本过敏，选择一个意思相近的词来代替。确保选择的词可以被频繁且一致地使用，并与其他人（如其他教师、家长）分享，让他们在与学生互动时使用。

问题 6：似乎时间总是不够用，我该如何完成课程？

- **使用脚本以主动避免"偏离目标"的对话。**你可以问小组成员是否在某个细节或小事上陷入了困境。
- **把偏离主题的不重要讨论推迟到课后。**你可以在白板上写下学生提出的话题，并告诉他们等完成课堂练习后会再回来讨论这个话题。如果这是整个小组都喜欢讨论的内容，你甚至可以用它作为奖励，鼓励大家提前 5 分钟学完课程内容。
- **在 GWPDC 每一步的旁边标注当天可花费的时间。**告知小组成员，他们有 10 分钟可以完成这项活动，开始计时，看看他们是否能按时完成。
- **你可以决定延长课程中某一部分的时间，只要你觉得有价值。**如果学生从某个活动中受益匪浅，而你不希望过早结束，可以选择取消另一个活动。你可以提前查看接下来的几节课，决定哪些内容可以跳过。

问题 7：我的学生觉得某些概念太难了。我该如何帮助他们理解？

- **调整课程以适应学生的需求。**每节课都包含总结和目标，以强调干预的关键内容。建议你根据学生的个人技能水平调整课程内容和活动。为了使材料对学生更有意义，你可以评估学生是否具备理解某个概念所需的基础技能。例如，如果学生难以理解为什么在选择活动时进行协商很重要，你可以检查他是否理解同龄人可能对"有趣的活动"有不同的看法。在这种情况下，你可能需要先教授这个基础技能，然后再继续上课。以下策略也可能会有所帮助。
- **使用更多视觉材料。**一些在语言理解上有困难的学生尤其受益于额外的视觉材料，这些材料可以帮助阐明模糊的概念。你可以使用图片、电影或角色扮演来演示概念并吸引学生的注意力。随身携带一块白板，快速涂画简图会非常有帮助。例如，如果学生不理解"大事和小事"的概念，你可以画一个老式的司法天平，展示大事如何使天平一端下压到底，而小事则不会。

- **增加角色扮演的活动。** 在教授新概念时，使用角色扮演可以真正地让学生参与到学习中来。有执行功能困难的孩子在将学到的概念转化为他们日常生活中使用的技能时常常感到困难。使用角色扮演可以帮助孩子将这些技能泛化使用到其他环境中，并使抽象概念更具体化。
- **使用与学生相关的例子。** 考虑使用学生感兴趣的事物来说明概念。例如，如果一个学生特别喜欢电子游戏，你可以将这个兴趣融入制订 B 计划的情境中，如："你邀请朋友来家里玩，但他们想玩的电子游戏跟你想玩的不同。你该如何灵活应对？请想出一个 B 计划。"

问题 8：我的学生认为这些语言或概念过于简化和简单。我该如何增加难度？

- **让掌握得快的学生辅导那些掌握得慢的学生。** 在一个小组里，尽管有些学生能快速理解课程内容，但通常并非所有学生都能如此。在这种情况下，让快速掌握概念的学生来教那些学得慢的学生是有效的。通常，不同的学生对不同概念的难易感受会有所不同。
- **如果整个小组都很快掌握了概念，你可以缩短活动时间，并专注于帮助学生将技能泛化到其他情境中，同时提升他们独立应用技能的能力。** 让学生想出下周在小组课外使用所学技能的 3 个场景。在开展游戏和活动时，减少直接的结构化指导，鼓励学生更主动地解决问题。

问题 9：如果我的学生不喜欢某项活动，我该怎么办？

- **评估活动是否太难，学生实际上并不理解。** 如果是这种情况，请参考上述"我的学生觉得某些概念太难了。我该如何帮助他们理解？"提供的建议。
- **自行判断并决策。** 与脚本的问题相似，也许是你的学生讨厌某个特定活动。作为教师，你是最了解学生的人，你可以在保证达到活动目标的前提下自由调整活动。
- **判断问题是出在某个特定活动上，还是整个小组普遍存在负面情绪。** 如果你的学生对课程中的许多活动都表现出抵触，请参考"我该如何保持学生的参与度？"和"当学生试图抢占位置或扰乱课堂时，我该如何管理？"